Jan.º 1764.

MEMOIRE

POUR Dom JOSEPH DELRUE, Supérieur Général de la Congrégation de Saint Maur, Intimé.

CONTRE Dom JEAN FAURE, Dom DENIS-EMMANUEL-MARIE LYMEIRAC & Confors, Appellans comme d'abus.

Il n'y a point de sujet qui n'ait droit à la protection des Loix, lorsqu'elles font violées pour donner atteinte à son état, à fa liberté, aux prérogatives dont il a droit de jouir. Les Eccléfiaftiques, les Religieux même trouvent dans l'appel comme d'abus une reffource légitime & affurée contre les vexations qu'ils peuvent éprouver de la part de leurs Supérieurs ; mais la voye du recours au Souverain sera-t'elle ouverte à des Religieux particuliers, qui, dans la feule vue de fe fouftraire à l'obéiffance qu'ils ont vouée,

A

osent déférer à la Justice les obédiences qu'ils ont reçues du Chapitre Général de leur Congrégation, & les élections mêmes faites dans ce Chapitre conformément à l'ancien usage, & à ce que prescrivent les Constitutions?

Le seul exposé de l'objet d'un pareil appel comme d'abus, en découvre l'illusion & le danger. Admettroit-on des Religieux à se plaindre aux Tribunaux Séculiers des obédiences qui leur sont données dans un Institut, où la profession n'attache à aucun Monastère particulier ? Ecouteroit-on des Religieux, qui, sans autre motif que celui d'un intérêt personnel, dénoncent aux Magistrats les propres Constitutions sous lesquelles ils ont vécu, des Constitutions qui formoient la loi de leur Congrégation, quand ils s'y sont volontairement consacrés par un vœu libre & solemnel ; des Constitutions, qui, presque aussi anciennes que la Congrégation, remontent à son premier âge, sont les seules qu'elle ait eues, & ont acquis, depuis plus d'un siécle, l'exécution la plus publique & la plus constante ?

FAIT.

La Réforme de S. Maur a été faite sur le modéle de celles du Mont-Cassin en Italie, & de S. Vanne dans la Lorraine.

L'Abbaye de Sainte Justine de Padoue n'avoit, sous le Pontificat de Grégoire XII, qu'un très-petit nombre de Religieux qui vivoient sans exercices, sans régularité, lorsque Louis Barbo, noble Vénitien, en fut fait Abbé, & y établit la Réforme. Plusieurs Monastères d'Italie se hâterent de suivre cet exemple édifiant. Celui du Mont-Cassin fut un des principaux. (a) Il donna son nom à la Congrégation sous laquelle se réunirent les Abbayes qui venoient

---

(a) Jules II. par une Bulle datée du 1 Décembre 1504, unit le Monastère du Mont-Cassin à la Congrégation de Sainte Justine, & ordonna que cette Congrégation changeroit son premier nom, & seroit appellée à l'avenir la Congrégation du Mont-Cassin.

d'embrasser la nouvelle Réforme. Cette Congrégation fut érigée en 1421 par une Bulle de Martin V; Eugene IV, & Alexandre VI, la confirmerent en 1432 & 1502. Elle dressa elle-même le plan de son régime dans son premier Chapitre tenu en 1424. Eugene IV approuva ses Statuts, & permit aux Chapitres Généraux de les modifier, de les changer même, suivant que l'exigeroient l'utilité du Corps, & la variété des circonstances.

Quel qu'eût été le succès de cette réforme introduite dans les différentes Provinces d'Italie, dès les premieres années du XVe siécle, on ne pensa que vers la fin du siécle suivant, ou au commencement même du XVIIe siécle, à suivre un si beau modéle dans les Abbayes de l'Ordre de S. Benoît situées en Lorraine & en France.

D. de la Cour ayant rétabli la régularité dans les Abbayes de S. Vanne de Verdun, & de S. Hydulphe de Moyen-Moutier, l'Evêque de Verdun, Abbé Commendataire de ces deux Monastères, obtint du Pape Clément VIII, le 7 Avril 1604, une Bulle qui les érigea en Congrégation sur le modéle de celle du Mont-Cassin; Paul V, successeur de Clément VIII, donna une seconde Bulle conforme à celle de son prédécesseur. Le Cardinal Charles de Lorraine, Légat *à latere* dans les Duchés de Lorraine & de Bar, & dans les trois Evêchés, fut chargé par Paul V de visiter & réformer les autres Monastères de l'Ordre de S. Benoît dans toute l'étendue de sa Légation. Le Cardinal de Lorraine remplit sa commission; mais au lieu d'ériger une Congrégation particuliere, il unit à celle de S. Vanne les Monastères qu'il avoit réformés. Ses Lettres d'union introduisirent quelques réglemens contraires aux usages du Mont-Cassin; ils ont excité depuis la plus vive fermentation dans la Congrégation de S. Vanne.

Quelques Religieux de cette Congrégation naissante, animés d'un saint zéle pour la Régularité, formerent avec Dom Laurent Besnard, Prieur du College de Cluni, le louable dessein d'étendre leur Réforme dans le Royaume. Les Abbayes de S. Augustin de Limoges, de Nohaillé au

Diocéfe de Poitiers, de S. Faron de Meaux, de Jumiéges, & de Notre-Dame de Bernay, furent les premieres qui s'y foumirent : elles envoyerent à S. Vanne des Religieux pour s'inftruire de la Réforme, & s'exercer à fes pratiques fous les yeux des premiers Réformateurs. Quelques-uns, après les épreuves du Noviciat, firent profeffion, & vinrent enfuite communiquer à leurs anciens Confreres les lumieres & l'efprit qu'ils avoient puifés dans l'Abbaye de Saint Vanne.

Ces heureux commencemens firent concevoir de fi grandes efpérances, que Louis XIII crut devoir favorifer l'introduction de la Réforme. *L'Inftitution de la Réforme de S. Vanne lui parut fi bonne, fi conforme à la Régle & à la difcipline ancienne de S. Benoît qui s'obfervoit jadis ès Abbayes fondées en fon Royaume, qu'il permit par des Lettres Patentes du 10 Septembre 1610, aux Religieux des Monaftères & Abbayes de France de s'y affocier & s'y aggréger.* (a)

Cependant cette permiffion, quelque générale qu'elle fût, étoit moins une autorifation de la Congrégation de S. Vanne, qu'une approbation de fon Inftitut & de fa Réforme. Mais parce qu'il étoit affez naturel de les confondre, plufieurs Religieux s'incorporerent à la Congrégation, fe foumirent à fes Supérieurs, en même tems qu'ils accepterent la Réforme. D'autres Religieux mieux inftruits, ou plus attentifs, fçurent diftinguer ces deux chofes fi différentes, & ne confentirent à embraffer la Réforme que fous la condition de ne pas dépendre de la Congrégation de S. Vanne ; ainfi le Monaftère des Blancs-Manteaux embraffa la nouvelle Réforme par les foins de M. le Préfident Molé ; mais ce Magiftrat fi attaché à nos maximes, s'oppofa à ce que les Religieux de ce Monaftère fe rendiffent membres d'une Congrégation établie en pays étranger. L'Abbaye de Jumiége fit un traité avec les Supérieurs de S. Vanne ; & pour ne pas s'unir à la Congré-

---

(a) Lettres Patentes du mois d'Août 1618.

gation, elle promit feulement de s'aggréger aux Monaſ-
teres du Royaume qui adopteroient la Réforme.

Cette difficulté capable de ralentir les progrès de la Réforme, fut communiquée au Chapitre Général que la
Congrégation de S. Vanne tint en 1618. D. Laurent
Befnard y affifta, & ne contribua pas peu à la réfolution
qui fut prife dans ce Chapitre. M. l'Evêque de Toul ap-
puyant l'avis de D. Befnard, aſſura les Capitulans que
jamais l'autorité publique ne fouffriroit que les Monaſtères
de France fuſſent aſſujettis à une Congrégation établie en
Lorraine. Le Chapitre fit donc le 6 Mai 1618 un Décret,
par lequel, renonçant au droit qu'il pouvoit avoir fur les
Monaſtères réformés du Royaume, il difpenfa ceux de ſes
Religieux qui s'étoient établis dans ces Monaſtères, de
l'obéiſſance qu'ils devoient à la Congrégation, & conſen-
tit à ce que les Religieux réformés de France érigeaſſent
une Congrégation diſtincte de celle de Lorraine.

D. Laurent Befnard ne fut pas plutôt de retour, qu'il
aſſembla au Collége de Cluni les Supérieurs des Monaſ-
teres Réformés, pour conférer avec eux fur le projet
d'ériger une Congrégation nouvelle, & de la pourvoir
d'un bon régime. Il fut arrêté dans l'Aſſemblée, que
D. Befnard folliciteroit des Lettres Patentes. Louis XIII
les accorda au mois d'Août de la même année 1618.

Ce Prince y dit que plufieurs Religieux François s'étoient
» incorporés à la Congrégation (de Lorraine); que d'au-
» tres en plus grand nombre défiroient s'y joindre, fans
» le fcrupule qu'ils avoient de s'aſſocier en une Congréga-
» tion & réformation tenue pour étrangère, encore qu'elle
» eût commencé en terre de fa protection, & dans les an-
» ciennes bornes & limites de fon Royaume...» Par cette
raifon le Légiſlateur n'ayant pas trouvé à propos que
les Religieux nés en France fe foumiſſent à la Jurifdiction d'une Congrégation étrangère dont il pouvoit arriver des inconvéniens; & d'autre part ne les voulant
point détourner de leurs faints vœux, & affection de
fuivre une fi fainte réformation. « Il permit à tous les

» Abbés, Prieurs, Religieux ses sujets d'entrer, s'agréger,
» s'associer à la Congrégation réformée des Bénédictins (du
» Royaume) & de vivre sous les Loix, règles & statuts de
» S. Vanne de Verdun, d'obéir à la Jurisdiction & pouvoir
» donné aux Religieux d'icelle pour la correction des mœurs
» & discipline Monastiques. Et afin que ladite Congrégation
» pût se dire formée & parfaite, avec toutes les marques
» de Jurisdiction & autorité qui y devoient être, Louis
» XIII donna pouvoir aux Religieux de cette Congréga-
» tion avec l'autorité de leurs Supérieurs, de s'assembler
» pour tenir leurs Chapitres généraux, créer & instituer
» leurs Supérieurs & tous Officiers nécessaires à ladite
» Congrégation.... Mais le Prince imposa pour condi-
» tion 1°. Que le nom de la Congrégation réformée se-
» roit changé sous le nom de quelques Abbayes, Villes,
» ou Provinces du Royaume, au premier Chapitre gé-
» néral qui seroit tenu, afin qu'elle fût censée être de
» France, & non étrangère. 2°. Que le Chef ou Vicaire
» général ne pourroit être institué autre que François.
» 3°. Que la nouvelle Congrégation seroit tenue d'ob-
» server & garder les loix, ordonnances, usances & statuts
» du Royaume sans y contrevenir ».

Les Religieux réformés profitérent de la permission qui leur avoit été accordée par ces Lettres Royales. Le 2 Novembre 1618, ils s'assemblérent aux Blancs-Manteaux ; il fut statué dans cette assemblée, qu'on peut regarder comme le premier Chapitre général de la Congrégation réformée, que cette Congrégation porteroit le nom de Saint Maur ; que les Religieux de S. Vanne qui avoient été députés pour établir ou consolider la réforme dans les Monastères du Royaume lui promettroient obéissance ; que les Supérieurs de la Congrégation de Lorraine se-roient requis de donner par écrit une renonciation pré-cise à toute Jurisdiction qu'ils auroient pu prétendre sur les Monastères déja réformés : enfin que les Bulles de Clément VIII & de Paul V, ne pouvant s'appliquer à la nouvelle Congrégation, puisqu'elle étoit distincte & séparée de celle de S. Vanne, & que néanmoins une Congrégation régulière ne pouvant être canoniquement érigée sans l'intervention de l'autorité Ecclésiastique, on solliciteroit incessamment une Bulle d'Erection à Rome.(a)

Ces faits nous ont été conservés dans les Annales de la Congrégation, composées par D. Joseph Mege, & dans l'Histoire qu'en a faite le célèbre D. Martene. Ces deux ouvrages sont demeurés manuscrits, & se trouvent à l'Abbaye de S. Germain-des-Prés.

D. Laurent Besnard, qui s'étoit chargé de solliciter la Bulle d'Erection, mourut sans voir le succès de ses travaux. Le Pape Paul V avoit à la vérité promis la Bulle; mais les difficultés élevées par les Officiers de la Daterie, avoient suspendu l'effet de cette promesse. Il ne fallut rien de moins que l'autorité de Louis XIII, pour surmonter les obstacles. Ce Prince manda à M. de Cœuvres son Ambassadeur à Rome, de faire les plus vives instances. Grégoire XV successeur de Paul V, eut égard à la prière du Roi, il accorda la Bulle dans la première année de son Pontificat. La Congrégation de S. Maur n'étoit alors composée que de sept Monastères.

On lit dans cette Bulle, datée du 17 Mai 1621, que le Prieur du Collége de Cluny, les Religieux des Blancs Manteaux, ceux de Saint Augustin de Limoge, de Nohaillé de Poitiers, de S. Faron de Meaux, &c, avoient représenté au Saint Siége, que la Réforme du Mont Cassin ayant été introduite dans les Monastères de l'Ordre de Saint Benoît, situés en Lorraine & dans les trois Evêchés; ces Monastères avoient formé une Congrégation particulière; que plusieurs Religieux Bénédictins François, après avoir pris une connoissance suffisante de la Réforme, & l'avoir embrassée avec zèle, étoient retournés en France du consentement des Supérieurs de Saint Vanne; qu'à leur exemple différentes Abbayes avoient accepté la

(a) R. P. D. Laurentius Besnard, procurabit apud S. Pontificem Erectionem Congregationis prædictæ.

même Réforme ; qu'il y avoit lieu de croire que beaucoup d'autres Monastères l'adopteroient également, mais que, pour en faciliter le progrès, il paroissoit nécessaire d'ériger une Congrégation propre au Royaume sur le modèle de celle du Mont Cassin. (*a*)

Le Pape fit droit sur la Requête, & érigea en Congrégation tant les Monastères déja soumis à la Réforme, que ceux qui voudroient se réunir à eux. Il érigea cette Congrégation sous le nom de Congrégation de S. Maur, & sur le modèle de celles du Mont Cassin ou de S. Vanne; il ordonna qu'elle seroit gouvernée par un Chef ou Vicaire général François, & qu'il seroit élu tous les ans, tous les deux ans, ou tous les trois ans dans le Chapitre

(*a*) Exponi nobis nuper fecerunt charissimus in Christo filius noster Ludovicus Francorum Rex Christianissimus, ac dilecti filii Collegii Conventualis Cluniacensis Prior, ac Sancti Augustini Lemovicensis, & de Nobiliaco Pictaviensis.... quod cum alias sedis apostolicæ autoritate in Monasteriis Ordinis Sancti Benedicti in Lotharingiæ & Barri Ducis ducatibus,..... reformatio Congregationis Cassinensis. . . . introducta, ipsaque Monasteria reformata in unam Congregationem quæ SS. Vitoni & Hydulphi Virdunensis appellatur ,, redacta fuissent : nonnulli ejusdem ordinis Monachi Galli perfectioris vitæ zelo ducti, sanctam hanc reformationem amplexi in Monasterio eorumdem SS. Vitoni & Hydulphi, prædictæ Congregationi Lotharingiæ sese submiserunt, & in Galliam, post sufficientem reformationis experientiam & tolerantiam, de consensu Superiorum dictæ Congregationis reversi, ab iisque dimissi, vitæ sanctimoniâ, & reformationis observantiâ se adeò conspicuos reddiderunt, ut eorum bonæ famæ odor in diversas Galliarum partes diffusus nonnullorum Monasteriorum Religiosos ad reformationem hujus modi amplectendam excitarit..... cùm autem, sicut eadem expositio subjungebat, in singulis Galliæ Provinciis multa hujus Ordinis Monasteria reperiantur, & de Dei bonitate tantùm sperandum sit, quod, si non omnium, saltem plurimorum Conventuum Religiosi..... hanc ipsam reformationem sint recepturi ; ad felicem verò hujusce sancti operis progressum maximè expediat in Galliâ unam Conventuum reformatorum Congregationem ad instar Congregationis Cassinensis institui..... nobis propterea tam Ludovicus Rex quàm Priores, ac Conventus & Monachi humiliter supplicari fecerunt quatenùs in præmissis opportunè providere de benignitate Apostolicâ dignaremur.

de

de la Congrégation. (*a*) La Bulle ajoûte que cet établissement ne portera aucun préjudice aux Abbayes & Prieurés, que les titres des Monastères Réformés continueront d'être conférés comme ils l'avoient été jusqu'alors ; mais que chaque Maison seroit régie par un Prieur Claustral élu & institué conformément aux usages & Statuts de la Congrégation du Mont Cassin, ou de celle de Saint Vanne. (*b*)

Grégoire XV accorda à la nouvelle Congrégation tous les priviléges, toutes les immunités dont ses Prédécesseurs avoient comblé la Congrégation du Mont Cassin. Il dispensa les Religieux de Saint Vanne, envoyés en France pour y introduire la Réforme, de l'obéissance qu'ils devoient à leur Congrégation, pourvu qu'ils s'incorporassent à celle de S. Maur.

Enfin, parce que la Congrégation que ce Pape érigeoit, étoit trop peu nombreuse pour s'assujettir aux délais & aux épreuves prescrites par les constitutions du Mont Cassin, Grégoire XV permit aux Religieux de Saint Maur, mais pour le temps de trois années seulement, d'envoyer aux SS. Ordres les Profés capables, sans attendre qu'ils eussent passé cinq années dans le Noviciat, & d'élire pareillement aux supériorités les sujets propres à les remplir, quoiqu'ils n'eussent pas l'âge requis par les réglemens du

---

(*a*) Nos... hujus modi supplicationibus inclinati... Congregationem Sancti Mauri Gallicanam Parisiensem nuncupandam ad instar Congregationis montis Cassinensis seu SS. Vitoni & Hydulphi per unum Vicarium generalem, natione Gallum, à Capitulo generali ejusdem Congregationis singulo quoque anno vel biennio aut triennio eligendum, regendam & gubernandam.... perpetuo erigimus & instituimus.

(*b*) Ita tamen ut ex erectione nullum prorsùs præjudicium censeatur illatum mensis abbatialibus..... Quodque Monasteriorum titulares seu commendatarii cum conventibus & Monachis nihil commune nihilque agendum habebant ; sed illi à Prioribus claustralibus, juxta reformationis seu Congregationis Cassinensis aut SS. Vitoni & Hydulphi ritus, statuta & consuetudines eligendis regentur & gubernentur ..... Statuimus & ordinamus.

B

Mont Caffin, il exigea feulement qu'ils euffent au moins trente ans accomplis. (*a*)

Pendant que la Congrégation de S. Maur penfoit à donner à fon établiffement les fondemens les plus folides, celle de S. Vanne forma le projet de s'unir à elle. La Congrégation de S. Vanne s'étoit défiftée en 1618 de tout droit aux Monaftères du Royaume qui s'étoient foumis à fa Réforme; peu d'années après elle fit des tentatives pour ne faire qu'un feul Corps avec la Congrégation de S. Maur.

Les deux Congrégations, quoique tout-à-fait diftinctes & indépendantes, avoient confervé des liens d'amitié; elles étoient convenues de fe prêter un mutuel fecours pour l'intérêt commun, c'eft-à-dire, pour le progrès de la Réforme, & même de recevoir réciproquement leurs Députés aux Chapitres généraux, pour prendre leurs avis feulement. Ce fut fans doute cette efpèce d'affociation fubfiftante qui fit naître l'idée de la réunion, & l'efpérance d'en effectuer le projet.

En 1621 le Chapitre général de S. Vanne fit un décret tendant à unir les deux Congrégations fous l'autorité d'un feul chef, qui réfideroit à Rome avec fes deux affiftans, mais fous la condition que le Supérieur général ne feroit en place que pendant cinq années, & que le temps des affiftans ne pourroit s'étendre au de-là d'un triennal. Le décret fut envoyé aux Supérieurs de la Congrégation de

(*a*) Atque etiam monachis Congregationis per præfentes erectæ, donec numerus Religioforum & Superiorum fufficienter auctus fuerit, in Priores, novitiorum Magiftros, Præfidentes, feu Superiores eligere & ad ordines facros fufcipiendos, & ad triennium tantùm quofcumque religiofos capacitatem & ætatem à facris canonibus requifitas habentes præfentare poffint; neque eam ætatem quæ per conftitutiones & declarationes dictæ Congregationis Montis Caffinenfis fuper 22 capite regulæ S. Benedicti præfcripta reperitur: neque etiam quinque annorum fpatium, quo durante novi profeffi fub Magiftris novitiorum morari debent, expectare teneantur, fed ad triennium tantùm & dummodo eligendi trigefimum faltem eorum ætatis annum expleverint, concedimus & indulgemus.

S. Maur, l'examen en fut confié à D. Regnier & à D. Tefnier, qui ne crurent pas devoir l'approuver.

Malgré le peu de succès de cette première tentative, la Congrégation de Saint Vanne fit de nouveaux efforts dans le Chapitre qu'elle tint à S. Mhiel au mois d'Avril 1624. Les Définiteurs proposérent 14 articles à D. Rolle, qui assistoit à l'assemblée comme Député de la Congrégation de S. Maur. Ces articles régloient le régime commun qui devoit faire la loi des deux Corps réunis. D. Rolle de son côté dressa des articles différens. (On a gardé les originaux des uns & des autres à l'Abbaye de S. Germain-des-Prés.) Les articles furent communiqués à l'Abbé de S. Airy de la Congrégation de S. Vanne & à D. Regnier de celle de S. Maur. Ils firent chacun de leur côté des observations sur les articles. En 1625 le Chapitre de S. Vanne convoqué à S. Evre examina les articles & les notes, & y ajouta de nouvelles observations. Le Chapitre de S. Maur assemblé en 1626, ne statua rien sur le projet d'union ; mais immédiatement après ce Chapitre, les Supérieurs des deux Congrégations tinrent une Diette dans le Monastère de S. Fiacre. On y arrêta seize articles qui devoient fixer l'état de la Congrégation lorsque l'union seroit consommée. En 1627 le Chapitre de S. Vanne nomma des Députés & leur donna plein pouvoir de transiger avec les Supérieurs de la Congrégation de S. Maur sur les articles dont on tomberoit d'accord, pourvu qu'ils n'eussent rien de contraire à l'Institut & aux Constitutions. Les Députés, assemblés avec les premiers Supérieurs de la Congrégation de S. Maur, ne purent se concilier sur plusieurs objets qui concernoient le Gouvernement, & sur lesquels ils avoient des vues opposées. L'assemblée se sépara sans rien conclure. Ainsi échoua le projet d'aggrégation sur lequel la Congrégation de S. Maur parut autant indifférente que celle de S. Vanne montroit d'ardeur pour la faire réussir.

Mais si l'union n'eut pas lieu, les discussions qu'elle

B ij

avoit fait naître au sujet des articles proposés de part &
d'autre, furent pour ainsi dire le germe de diverses dispositions qui ont été inférées dans les Constitutions de la
Congrégation de S. Maur.

Cette Congrégation étoit née dans le sein de celle de
S. Vanne, &, comme celle-ci, elle avoit été érigée sur le
modèle de la Congrégation du Mont Cassin; cependant elle
n'avoit dans son origine aucun régime fixe & certain;
elle suivoit dans son gouvernement quelques usages du
Mont Cassin, & elle en empruntoit d'autres de la Congrégation de S. Vanne. De-là le peu d'uniformité qu'on
remarque dans ses premiers Chapitres; de-là les différences
sensibles qu'on trouve, même dès son premier âge, entre
son administration & celle de la Congrégation de Lorraine.

A peine l'idée d'ériger la Congrégation de S. Maur avoit
été conçue, qu'on avoit pensé à lui donner un régime
propre. Dans la même assemblée, où D. Besnard, de
retour du Chapitre de S. Vanne en 1618, proposa aux
Supérieurs des Monastères réformés du Royaume de
former une Congrégation distincte & particulière, il fut
arrêté qu'en travaillant à obtenir son érection, on s'occuperoit aussi du soin de régler son Gouvernement. Ce plan
est donc aussi ancien que le projet même de l'érection de
la Congrégation de Saint Maur; on ne s'en est jamais
écarté.

Nous apprenons de D. Martene que, dès 1621, les Supérieurs de cette nouvelle Congrégation travaillerent sérieusement à dresser des Constitutions, & qu'ils prirent
les mesures les plus propres à le faire avec succès. D. Tesnier, D. Regnier, D. Rolle, les principaux promoteurs
de la Réforme, furent chargés de cet important travail.
Ils étudiérent les Statuts des Congrégations les plus célébres, ils consultérent les personnes les plus expérimentées dans le gouvernement des Cloîtres; ils dressérent
en conséquence en 1622 & 1623 des mémoires, dont
les originaux sont encore à l'Abbaye de Saint Germain-

des-Prés, & plusieurs furent publiés à la suite d'un sommaire des Constitutions de la Congrégation du Mont Cassin que celle de S. Maur fit imprimer. Un de ces mémoires écrit de la main de D. Tesnier porte : 1°. Que D. Sans, Vicaire général des Feuillans, qui avoit trois fois présidé cette Congrégation, & l'un de ceux que les Supérieurs de S. Maur avoient consultés, fut d'avis qu'on accordât une grande autorité au Général, mais qu'on lui donnât des Assistans éclairés, & qu'en cas de prévarication il pût être déposé par le Chapitre général. 2°. Que le Prieur des Chartreux de Toulouse estimoit que le Général devoit être perpétuel, quoique déposable s'il se conduisoit mal. 3°. Qu'à Rome au contraire on pensa que le Président ou premier Supérieur ne devoit être que triennal, sauf à le continuer si le Chapitre étoit content de son administration.

L'ouvrage des Commissaires, chargés de fixer un plan de régime, parut si avancé & si solide en 1625, que le Chapitre général, assemblé à S. Faron de Meaux au mois de Septembre de cette année, fit un Décret pour obliger les Supérieurs locaux d'examiner, avec ceux de leurs Religieux qu'ils croiroient les plus intelligens, le projet de Constitutions qui leur seroit envoyé par le Général, & d'adresser aux premiers Supérieurs leurs observations, afin qu'on pût ensuite faire imprimer les Constitutions & les distribuer dans les Monastères.

Cette dernière partie du Décret n'eut pas son exécution : on ne peut en imaginer d'autre cause que celle qu'offre naturellement la situation de la Congrégation pendant les projets de sa réunion à celle de S. Vanne. Il n'étoit pas possible en effet d'arrêter un système de gouvernement tant que l'état de la Congrégation étoit, pour ainsi dire, en suspens. La fixation d'un régime commun faisoit d'ailleurs le principal objet des conférences tenues en 1626 par les chefs des deux Corps ; on a déja remarqué que ces discussions ne contribuerent pas peu à perfectionner les Constitutions de la Congrégation de S. Maur.

Mais l'instabilité, ou plutôt l'état flottant du régime qui n'étoit pas encore fixé, ne s'étendoit pas au fond de la réforme, & n'en empêchoit pas les progrès. Il ne faut pas confondre l'Institut avec le régime. La Congrégation de S. Maur avoit embrassé dès le commencement la règle du Mont-Cassin; elle avoit fait imprimer un Sommaire de ses Constitutions pour le mettre entre les mains de ses Religieux. Elle suivit constamment cette loi dans les points essentiels. On lit dans une Lettre de D. Tarisse, Supérieur général de S. Maur, & adressée à D. Placide-le Simon, Procureur général en Cour de Rome pendant l'affaire des Faronites; que dès l'origine de la Congrégation, les Religieux réformés n'avoient point d'autres déclarations que celles du Mont-Cassin, qu'elles étoient la règle de leur conduite & de leurs exercices réguliers, qu'ils promettoient même par serment avant leur profession de les observer. D. Tarisse ajoûte que ces considérations engagerent D. Laurent Besnard, chargé de solliciter la Bulle d'érection, de demander la dispense du septiéme statut des déclarations sur le 21e chapitre de la règle de S. Benoît, & que quoique cette dispense ne fût pas absolument nécessaire, il la demanda par plus grande précaution, pour calmer les consciences, pour ôter tout prétexte aux scrupules; & que la même dispense ayant été accordée par Clément VIII à la Congrégation de S. Vanne, on avoit jugé convenable de l'inférer dans la supplique pour la Congrégation de S. Maur.

Par le serment, dont parle D. Tarisse, & qu'on faisoit avant l'émission des vœux, chaque Religieux s'obligeoit à pratiquer la règle de S. Benoît telle qu'elle se trouvoit exposée & pratiquée par les Religieux du Mont-Cassin, & qu'elle avoit été observée dans la Congrégation de S. Maur (*a*).

(*a*) Quod in posterùm vitam meam & mores meos instituam secundùm regulam sancti Benedicti à Patribus Congregationis Cassi-

Il s'engageoit à n'accepter aucune supériorité, aucun emploi dans la Congrégation, que du consentement du Régime ou des Définiteurs du Chapitre général (*a*). Il promettoit de n'élire aux charges aucun sujet qui ne fût dans la résolution de se soumettre à la cession ou déposition (*b*).

Le dixiéme réglement du Chapitre général tenu en 1621, ordonna à tous les Religieux de la Congrégation de S. Maur de se conformer exactement aux déclarations de la Règle & aux constitutions de la Congrégation de Lorraine sur tous les articles où il n'y avoit point été dérogé, soit par ce Chapitre même, soit par les Chapitres précédens; (*c*) mais ni le décret du Chapitre de 1621, ni le serment ne s'appliquerent au gouvernement de l'une ou l'autre des deux Congrégations de S. Vanne & du Mont-Cassin, puisque celle de S. Maur ne se croyoit point astrainte à les suivre, & qu'elle travailloit à fixer elle-même son Régime particulier.

Lorsque la Congrégation de S. Vanne eut renoncé à toute idée de réunion, celle de S. Maur reprit l'ouvrage de ses Constitutions qui n'avoit été interrompu que par le

nensis declaratam & expositam, prout usque in hodiernum diem in Congregatione sancti Mauri observatur.

(*a*) Quod nullam præsidentiam, administrationem .... suscipiam nisi sub beneplacito & consensu Regiminis vel Definitorum Capituli generalis.

(*b*) Quod numquam consentiam ut aliquis in hac Congregatione incorporetur, aut in Superiorem eligatur, nisi prius constiterit de ejus voluntate, desiderio vivendi secundum reformationem, & supradictarum Superioritatum cessionem subeundi.

(*c*) Omnes se conforment declarationibus, regulæ & Constitutionibus Congregationis Lotharingiæ, exceptis iis quæ in hoc Capitulo aliisque duobus præcedentibus revocata vel immutata fuerunt.

En 1621 la Congrégation de S. Vanne n'avoit point d'autres Constitutions que celles du Mont-Cassin pour régler son régime. Ainsi les Constitutions dont il s'agit dans le Réglement ne peuvent s'entendre que des réglemens qui ont pour objet les cérémonies & l'observance régulière.

projet d'aggrégation ; les Supérieurs ne crurent pas néanmoins devoir y mettre la derniere main, sans avoir obtenu une nouvelle Bulle, qui en confirmant la Congrégation, autorisât expressément ses Chapitres à rédiger le Code de ses statuts.

Dom Martene rapporte dans son histoire que D. Regnier, chargeant D. Baudry qui résidoit à Rome de solliciter la Bulle, lui adressa les articles qui devoient entrer dans la supplique. Parmi ces articles, deux sur-tout étoient remarquables. L'un regardoit la permission de continuer les Supérieurs au-delà du terme déja fixé par le projet des Constitutions. On prévoyoit que quoique la Congrégation fût composée de vingt Monastères, elle pourroit avoir besoin de cette dispense pendant quelques années. L'autre article avoit pour objet le pouvoir de publier des Constitutions & de les modifier ou changer dans le besoin.

Le Procureur général de la Congrégation à Rome présenta la supplique au Pape, elle fut appuyée sur les ordres de Louis XIII par M. de Bethune son Ambassadeur. Urbain VIII en envoya l'examen à la Congrégation des Réguliers, dont le célèbre Fagnan étoit Sécretaire, & sur l'avis des Cardinaux qui présidoient à cette Congrégation, la Bulle fut accordée au mois de Février 1627.

Urbain VIII rappelle d'abord les dispositions de la Bulle d'érection de 1621. Il expose ensuite le précis de la supplique ; elle contenoit que Grégoire XV avoit accordé différens privilèges à la Congrégation ; mais que l'expérience avoit prouvé qu'il lui falloit de nouvelles prérogatives, & qu'elles n'avoient pû être demandées à Grégoire XV, parce qu'on n'avoit pû en prévoir la nécessité (a). Le Pape déclare qu'à la priere de Louis XIII,

---

(a) Exhibita nobis.... petitio continebat... etiamsi dictus prædecessor Congregationem nonnullis prærogativis decoraverit, experientiâ tamen compertum est, quod ad perfectionem tanti operis... omninò necessarium videatur gratias & prærogativas... diversis aliis... favoribus ampliari, & defectui multorum quorum necessitas tempore erectionis minùs prævisa fuit... suppleri.

&

& sur les instances de son Ambassadeur, il consent volontiers à donner des graces plus étendues à la Congrégation de S. Maur. (*a*).

Grégoire XV avoit dispensé la Congrégation de S. Maur d'exécuter les loix du Mont-Cassin, tant sur les épreuves nécessaires aux Ordinans, que sur l'âge requis pour être élevé aux supériorités. Urbain VIII confirma la dispense; mais il révoqua les deux restrictions que son prédécesseur y avoit mises. Aux termes de la Bulle de 1621, la dispense ne devoit avoir lieu que pour trois ans. Urbain VIII en étend la durée indéfiniment jusqu'à ce qu'elle ne soit plus nécessaire à la Congrégation. Grégoire XV avoit exigé que les Supérieurs eussent au moins 30 ans accomplis. La Bulle de confirmation permet de les élire au-dessous de cet âge pourvu qu'ils aient les qualités requises. Urbain VIII accorde une nouvelle faveur, en permettant de continuer les Supérieurs au-delà du tems réglé par les Constitutions (*b*). Enfin il autorise le Chapitre de la Congrégation à dresser de nouvelles Constitutions, & à abroger ou changer les anciennes, s'il le juge indispensablement nécessaire.

(*a*) Ipsius Ludovici regis nomine... nobis humiliter supplicatum quatenùs in præmissis opportunè providere dignaremur. Nos igitur.... Monachos reformatos prædictos amplioribus favoribus & gratiis prosequi volentes.

(*b*) Priores quoque, ac alios quoscumque Superiores, etiamsi ipsi in dictâ Congregatione S. Mauri per tempus in illius Constitutionibus præfixum non remanserint, ad superioritates, munera, officiaque, dummodo aliàs ad id idonei reperti fuerint, Canonicè eligere, & eos ad tempus tam citra quam ultra terminum in D. Congregationis Constitutionibus, & illius erectionis litteris præfixum, si ad id cogat necessitas & superiorum capacium penuria, quoad usque validior fiat dicta Congregatio sancti Mauri, & pro bono illius, ad arbitrium Capituli generalis, in suis Superioritatibus, officiis & muneribus continuare: & Monachos ad sacros ordines suscipiendos, non expectato tempore præfixo per easdem Constitutiones & erectionis litteras, dummodo etiam aliàs ætate moribus & doctrinâ ad id sint idonei, transmittere.

C

La Congrégation, munie de ce pouvoir, se contenta dans son assemblée de 1628 de remettre le prochain Chapitre à l'année 1630 & de charger les Supérieurs de profiter de cet intervalle pour porter à sa perfection le code de ses statuts. Ils s'assemblerent effectivement à Nohaillé. Les Constitutions furent revûes, on y ajoûta quelques articles ; D. Maurdupont, D. André Betoulaud, D. Cyprien Leclerc furent chargés de les rédiger dans le meilleur ordre. Ces trois Supérieurs, aussi distingués par leur mérite personnel que par les places qu'ils occupoient dans la Congrégation, ne négligerent rien pour répondre à la confiance de l'assemblée qui les avoit commis, & à l'attente de la Congrégation; on fit des prieres générales dans tous les Monastères pour l'heureux succès de cette entreprise. Les Commissaires travaillerent sans relâche. Bientôt l'ouvrage fut achevé. On en fit faire plusieurs copies qui furent distribuées dans les maisons de la Congrégation ; elles y furent examinées avec attention. Les Commissaires firent usage des observations qu'ils reçurent ; & après avoir corrigé leur travail sur les différens avis qui leur avoient été donnés, ils le présenterent au Chapitre général qui se tint à l'Abbaye de la sainte Trinité de Vendôme au mois d'Avril de l'année 1630. D. Regnier y présidoit.

Les Constitutions furent lues & approuvées dans cette assemblée générale ; cependant parce qu'elles parurent mériter encore quelque légère réforme, D. Athanase de Mongin fut chargé de les perfectionner. Il se retira à saint Fiacre pour travailler avec plus d'assiduité; mais il mourut peu de tems après. Le Chapitre de 1633 confirma l'approbation que celui de 1630 avoit donnée au corps des constitutions ; il y ajoûta quelques statuts, & renvoya aux diètes la discussion d'autres articles qu'on avoit proposé d'y inférer.

Ces changemens ne touchoient point à la substance des Constitutions ; on pouvoit les juger susceptibles de quelques additions ou éclaircissemens ; mais ce n'étoit point quant à l'essentiel : elles sont demeurées, par rapport aux points capitaux du régime, ce qu'elles étoient en 1630, & même auparavant: aussi la Congrégation de S. Maur ne fit-elle aucune difficulté de les présenter au Parlement dans l'état où elles se trouvoient en 1633.

Les deux Bulles de Grégoire XV & d'Urbain VIII avoient été fulminées par l'Official de Paris le 16 Mai 1629, elles furent confirmées par Lettres Patentes de Louis XIII du premier Juin 1631. Ces Lettres furent vérifiées au Parlement de Toulouse le 28 Novembre de la même année, & au Parlement de Bordeaux le 3 Mai 1632: la Congrégation en obtint l'enregistrement au Parlement de Paris le 21 Mars 1633. L'Arrêt d'homologation donna en même tems aux Supérieurs *Acte de la représentation de leurs statuts*, & ordonna *qu'ils demeureroint au Greffe*, pour y avoir recours quand besoin seroit.

Vers le même tems le Cardinal de la Rochefoucault forma le dessein d'unir la Congrégation de Cluny à celle de S. Maur. Le Cardinal de Richelieu entra dans les mêmes vûes & employa toute son autorité pour rendre l'union solide & irrévocable. L'union subsista pendant dix ans ou environ, c'est-à-dire jusqu'à la mort du Cardinal de Richelieu. Dans la premiere assemblée qui fut convoquée à S. Denis pour consommer l'union, il fut arrêté qu'on suivroit les Constitutions de la Congrégation de S. Maur; elles y furent lues, approuvées & signées par les Supérieurs députés des deux corps (*a*).

La même approbation fut renouvellée dans le Chapitre général composé des deux Congrégations réunies & assemblées à Cluny en 1636 (*b*), & dans les deux Chapitres sui-

(*a*) Præfatum regimen propositum, lectum & discussum fuit cum suis additionibus, diminutionibus, & mutationibus à PP. Congregationis S. Mauri factis; atque ad majorem partem suffragiorum secretorum supra dimidiam receptum & approbatum.

(*b*) Declaratorium in regulam S. P. Benedicti & regimen Congregationis digesta & in ordinem disposita, in cœtu RR. PP Superiorum ordinis Cluniacensis, & Congregationis sancti Mauri mensibus Julio & Augusto anni 1633 in Monasterio sancti Dionisii proposita, relecta, & examinata, ac omnium consensu recepta, & in præsenti

vans tenus à Vendôme en 1639 & 1642. Les définiteurs de ces Chapitres ne crurent pas cependant devoir se refuser aux réflexions que les Députés des Provinces proposerent. (L'aggrégation récente de la Congrégation de Cluny sembloit l'exiger.) Ils nommerent des Commissaires pour les examiner & faire leur rapport au Chapitre suivant. C'est par cette raison qu'on trouve quelques différences dans les trois exemplaires originaux qui furent lus & autorisés en 1635, 1636 & 1639.

Le décret du Chapitre de 1636 porte que les Constitutions, reçues avec applaudissement dans l'assemblée de 1635, furent soumises à un nouvel examen, & qu'après avoir éprouvé quelque changement, elles furent de nouveau confirmées, pour avoir une exécution uniforme dans la Congrégation.

On voit par les décrets du Chapitre de 1639, ou plutôt par l'acte d'approbation qu'il fit inscrire à la fin des Constitutions, que celui de 1636 avoit laissé au Supérieur général & à quelques autres Commissaires le soin d'examiner les notes ou projets d'additions, sur lesquels il n'avoit pû statuer (a). Les Commissaires en rendirent compte au Chapitre de 1639, qui lui-même leur renvoya l'examen de différentes observations qu'on lui avoit présentées. Il les chargea en même-tems de mettre la derniere main aux Constitutions, soit pour l'ordre, soit pour le style, afin que, sur l'approbation qu'elles recevroient au prochain Chapitre, elles pussent être imprimées & envoyées dans toutes les maisons de la Congrégation (b).

Capitulo generali ... in Monasterio Cluniacensi mense Septembri celebrato denuò discussa, correcta, & ut suprà scripta sunt approbata, fuerunt, ut ab omnibus eidem Congregationi subditis uniformiter observentur.

(a) Suprascriptæ Constitutiones rursùm examinatæ, & de consensu omnium in eodem Capitulo vocem habentium, unà cum nonnullis additionibus per R. P. Generalem & Patres ab eodem Capitulo generali ultimo deputatos factis, probatæ sunt.

(b) Quia Constitutiones ... hactenùs usu firmatæ ... in meliorem ordinem disponendæ, stiloque uniformi condendæ sunt, ... deputa-

Les Commissaires firent leur rapport au Chapitre de 1642. Cette assemblée fit encore quelques corrections, elle approuva de nouveau les Constitutions (a). Elle recommanda enfin au Supérieur Général de les faire imprimer, & de les distribuer au plutôt dans les Monastères de la Congrégation. Le Décret ajoutoit que les Déclarations ou la pratique de la Règle, & le Formulaire du Régime, seroient imprimés séparément.

L'exécution de ce Réglement fut différée par la rupture de l'union de l'Ordre de Cluny à la Congrégation de Saint Maur. Les Constitutions reparurent donc encore une fois au Chapitre général de 1645 ; mais ce fut pour y recevoir le dernier sceau de l'autorité : (b) on les rendit fixes & invariables. Elles n'ont éprouvé depuis aucun changement ; & les Chapitres généraux n'ont point eu d'égard aux corrections ou additions qui ont pu leur être proposées dans la suite.

À ne juger des Constitutions de la Congrégation de S. Maur, que par la lenteur & la maturité du travail, par la multiplicité & la rigueur des épreuves, par les approbations réitérées qu'elles ont reçues, il seroit difficile de ne pas s'en former l'idée la plus avantageuse. On se convainc encore mieux de leur sagesse par un coup d'œil général sur le plan du Régime qu'elles ont consacré.

La Congrégation est divisée en six Provinces. Chaque Province a son Visiteur ; chaque Monastere, un Prieur ; le Corps entier est présidé par un Supérieur Général & ses

mus.... qui huic operi hoc triennio incumbant, atque manum ultimam.... imponant, ut ex eorum relatione denuò approbentur in proximo futuro Capitulo generali, & typis excudantur, &c.

(a) Constitutiones seu declarationes in regulam, & ea quæ ad regimen pertinent in præcedentibus Capitulis approbata, & confirmata, ac usu recepta per universam Congregationem in præsenti Capitulo generali rursum examinatæ sunt, & iterum approbatæ & confirmatæ cum nonnullis modificationibus & correctionibus.

(b) Formularium regiminis in præcedenti Capitulo approbatum rursùs in præsenti relectum, examinatum & confirmatum est, die 21 Junii 1645.

deux Affiſtans. Le Chapitre général, qui ſe tient tous les trois ans, a l'autorité entiere du Corps qu'il repréſente. Il eſt compoſé des Députés des ſix Provinces. Les Religieux de chaque Monaſtere choiſiſſent dans leur Chapitre un Conventuel, qui ſe rend avec le Prieur de la Maiſon à la Diette Provinciale préſidée par le Viſiteur. On élit dans chacune des Diettes Provinciales quatre Députés pour le Chapitre général, qui ſe trouve par conſéquent compoſé du Supérieur général, de ſes Affiſtans, des ſix Viſiteurs, & de vingt-quatre Députés.

C'eſt dans le Chapitre que ſont élus les Supérieurs généraux & locaux. A l'inſtant qu'il s'ouvre, toutes les Supériorités ceſſent. Le Chapitre en prononce la vacance. Les Députés s'obligent, par un ſerment ſolemnel, à refuſer leur ſuffrage à quiconque auroit brigué les charges, & à ne donner leurs voix qu'aux ſujets qu'ils jugeront les plus capables. Le Chapitre, après avoir élu trois Scrutateurs ou Commiſſaires du Scrutin, choiſit par voie d'élection neuf Définiteurs dépoſitaires de l'autorité du Chapitre ; on ne peut prendre pour Définiteurs plus de quatre des neuf Supérieurs qui compoſent le Régime du dernier Triennal, c'eſt-à-dire, du Général, de ſes Affiſtans, & des ſix Viſiteurs. On choiſit parmi les Définiteurs un Préſident qui jouit pendant la tenue du Chapitre de toutes les prérogatives du Général. Si le dernier Supérieur Général eſt du nombre des Définiteurs, il eſt exclus de plein droit de la Préſidence (a).

Les Définiteurs procedent enſuite à la nomination du Secrétaire & des autres Officiers ; mais les élections des Supérieurs ſont différées juſqu'à la fin du Chapitre ; les Définiteurs règlent tout ce qui concerne le gouvernement de la Congrégation. Ils liſent les cahiers des Viſiteurs, ils font ce qu'on appelle l'examen des perſonnes, & les premiers Supérieurs y ſont ſoumis comme les autres ; ils paſſent à celui des affaires, ils diſcutent tous les Mémoires qui ſont adreſſés au Chapitre, & c'eſt toujours à la pluralité des voix que ſe forment les réſolutions ; ils finiſſent

(a) L'obſervation de cet article n'a commencé qu'en 1645.

par les approbations ou l'examen des sujets éligibles. Il faut avoir été Prieur pendant six ans pour être capable des premieres Supériorités. On ne sçauroit être élu Prieur sans avoir été deux ans Administrateur, & un Religieux ne parvient aux Administrations qu'après avoir eu trois approbations, c'est-à-dire, après avoir reçu pendant trois années ou trois visites, non de la part des Supérieurs seulement, mais de celle des Senieurs, une attestation uniforme de bonne conduite & de capacité suffisante. On ne peut donc arriver aux Supériorités qu'après avoir fait ses preuves, après en avoir été jugé persévéramment digne par le corps de la Congrégation.

C'est lorsque tous ces préparatifs sont finis, que les Définiteurs procedent enfin par la voie rigoureuse du Scrutin aux élections. Tout Supérieur, le Général lui même, n'est élu que pour trois ans. Son temps est fixé par la distance d'un Chapitre à l'autre, & à chaque Chapitre il faut une nouvelle élection pour le remettre en place.

Le Supérieur général est le seul qui puisse être continué indéfiniment par une élection réïtérée à chaque Chapitre. Les Assistans ne sçauroient être conservés que pendant un second ou au plus un troisieme Triennal. Il n'est pas permis d'accorder ce second Triennal aux Visiteurs, mais ils peuvent être nommés Visiteurs d'une autre Province: il faut un délai de six années pour les rétablir dans la même Province. Enfin, les Prieurs ne sont à la tête du même Monastere que pendant trois ou six années consécutives, à moins que des raisons de nécessité ou d'une évidente utilité n'exigent qu'on les continue, & alors il est indispensable que des neuf Définiteurs sept concourent pour les conserver.

Tout respire dans ce systême de Régime l'esprit de sagesse & de modération.

Les Assemblées générales n'y sont point Annales comme dans les Congrégations de S. Vanne & du Mont-Cassin, mais elles n'en sont que plus conformes aux Loix Canoniques. Le Concile de Latran avoit rendu les Chapitres triennaux, (a) son Décret a été renouvellé dans le Concile de Vienne, dans la Constitution de Benoît XII, appellée la Bénédictine, & par le Concile de Trente. Les Assemblées générales étant moins fréquentes, on évite la dépense, la dissipation, & les autres dangers des longs voyages.

Les Diettes Provinciales obvient à l'inconvénient d'envoyer un trop grand nombre de Religieux aux Chapitres, & par conséquent à la confusion que la multitude des Capitulans rendroit presqu'inévitable. Elles conservent néanmoins à chaque Monastère le droit qu'il a de concourir à l'élection des Supérieurs. Si les Religieux particuliers n'élisent pas immédiatement les Députés & les Définiteurs du Chapitre, ils le font dans la personne de leur fondé de procuration, par la voie du compromis qui n'est pas moins canonique que celle du Scrutin ou de l'Inspiration.

Que de ressources ne fournit pas à la Congrégation la faculté de changer, de destituer, ou de continuer les Supérieurs tous les trois ans ! Elle augmente le nombre des Sujets éligibles. Elle n'oblige point de rejetter un Supérieur qui a exactement rempli son devoir, & dont les talens peuvent le rendre nécessaire. Elle est en même tems une forte barriere contre l'abus de l'autorité.

La liberté d'élire tous les Capitulans pour Définiteurs, la défense d'admettre plus de quatre Supérieurs majeurs dans le Définitoire, enlevent au Régime le pouvoir de se rendre maître des Assemblées, ou de leurs opérations.

Rien n'est plus modéré que la puissance du Supérieur général. S'il peut être admis dans le Définitoire, il n'y est que Définiteur particulier ; la Présidence lui est interdite ; il n'a ni administration temporelle, ni caractere extérieur qui le distingue. Il n'a en partage que le travail, la sollicitude, les soins que demande le gouvernement d'une Congrégation considérable.

(a) In singulis regni Provinciis fiat de Triennio ad Triennium... commune Capitulum Abbatum atque Priorum, cap. de *singulis* de *statu* Monach.

La charge des Assistans & des Visiteurs étant incompatible avec la Direction d'un Monastère particulier, leur administration se borne à celle de leur emploi; ils ne sont pas dans le cas d'avoir de la prédilection pour une maison plutôt que pour une autre.

On n'entrera pas dans un plus grand détail sur les avantages du Régime de la Congrégation de S. Maur. Jusqu'à présent ceux qui l'ont approfondi, n'ont pu lui refuser des éloges. Dès que les Constitutions parurent, elles furent lues & approuvées en France, & dans les Pays étrangers. L'Ordre de Cluny les adopta pour s'unir à la Congrégation de S. Maur; l'obligation de les suivre fut même une des clauses de la Bulle d'union qui fut projettée. (a) D. Martene observe dans son Histoire manuscrite que le Cardinal Bona, dont l'érudition & les lumieres sont si connues, trouva les Constitutions de la Congrégation de S. Maur si pleines de prudence & de discrétion, qu'il vouloit les faire recevoir dans les Monastères d'Italie. (b)

Ces Constitutions trouverent néanmoins quelques contradictions dans le sein même de la Congrégation; ou plutôt des Religieux particuliers, moins éclairés que pieux, furent alarmés de ce que la Congrégation se régissoit par ses propres Constitutions, au préjudice de celles du Mont-Cassin & de S. Vanne. Ils s'imaginoient que la Congrégation, ayant été établie sur le modele de ces deux Congrégations

---

(a) In Congregatione sic unita Constitutiones sancti Mauri, quæ sunt strictiores, observandas esse. *Annal. manus. du P. Mege, ad an. 1633.*

(b) D. Martene rapporte qu'en 1683 l'Abbé de Camdem demanda les Déclarations & les Constitutions de S. Maur, pour s'y conformer dans la conduite de son Monastère. Que le Pape Innocent XI s'étant fait rendre compte de la manière de vivre & du Régime de la Congrégation de S. Maur, en fut si content, qu'il fit demander des Religieux de cette Congrégation pour rétablir l'ordre dans les Monastères de celle du Mont-Cassin. D. Vincent Marsoly, alors Général de saint Maur, détourna cette demande, & en fit voir les inconvéniens. On lui fit de pareilles demandes pour la Pologne, l'Allemagne & la Bavière; mais il refusa de s'y prêter. *Hist. manuscr. Tome II, page 1681.*

réformées, que les premiers Supérieurs ayant eux-mêmes obtenu des Papes la difpenfe d'exécuter un de leurs Statuts, que tous les Religieux de S. Maur ayant fait, à l'inftant de leur profeſſion, ferment de vivre fous les loix du Mont-Caſſin, ils ne pouvoient en confcience obéir à des Conſtitutions qui s'écartoient des ufages du Mont-Caſſin & de S. Vanne.

Les loix de la charité & d'une jufte condefcendance ne permirent pas de négliger des difficultés qui partoient d'un pareil principe. Les Supérieurs, pour calmer les alarmes de ces Religieux, confultèrent en 1635 ce qu'il y avoit de plus éclairé dans les Facultés de Théologie & de Droit de l'Univerfité de Paris. Les Docteurs décidèrent uniformément dans leurs Confultations, qui furent imprimées, que les Religieux de la Congrégation pouvoient & devoient obferver leurs Conftitutions.

Les motifs de la décifion furent que l'érection de la Congrégation de S. Maur fur le modèle des deux autres, ne lui impofoit pas la néceſſité d'en fuivre littéralement & à la rigueur toutes les Loix : *Non hinc fequitur quod teneatur & obligetur eifdem omninò legibus* ; que la Congrégation de S. Vanne, quoique formée *ad inſtar* de celle du Mont-Caſſin, ne laiſſoit pas d'avoir fes ufages propres : *licet ſtatuta habeat à Caſſinenſibus planè difcrepantia.* Qu'il fuffifoit pour remplir le vœu des Bulles, que dans la Congrégation de S. Maur, comme dans les deux autres, on fuivît la même réforme, que le genre de vie fût le même, que les obfervances & les exercices fuſſent femblables : *Nec aliud fonat particula ad inſtar, quæ proportionem tantùm & analogiam, non autem identitatem inter relata ſignificat.* Que ſi l'intention du S. Siege eût été d'aſſujettir la Congrégation de S. Maur aux Conſtitutions & au Régime de celles du Mont-Caſſin & de S. Vanne, les Bulles ne l'auroient pas autorifée à dreſſer elle-même fes Réglemens ; que ſi les Loix du Mont-Caſſin avoient pû obliger les Religieux de Saint Maur jufqu'à la Bulle d'Urbain VIII, l'obligation n'avoit pû s'étendre au-delà ; fans quoi les dispositions des Bulles ne pourroient se concilier entr'elles: *Sic enim necessariò concilianda sunt ea quæ in prædictis Bullis aliàs viderentur invicem contraria & secum pugnantia.*

Le serment n'étoit pas plus capable de fonder les inquiétudes des Religieux qui se plaignoient. Ce serment avoit été établi par le Chapitre général ; il avoit donc pû être abrogé par la seule autorité de la Congrégation. L'engagement d'ailleurs ne lioit aux Loix du Mont-Cassin & de S. Vanne, que dans les objets qui avoient été adoptés par la Congrégation : *Prout observantur in Congregatione sancti Mauri*, & jamais les Constitutions de ces Congrégations n'avoient été reçues & suivies dans leur intégrité par les Religieux de S. Maur. (*a*)

On avoit à la vérité demandé au Pape la dispense de ce qui étoit prescrit par le vingt-uniéme Chapitre des Déclarations du Mont Cassin sur la Régle de S. Benoît. (*b*) Mais la Congrégation s'y étoit soumise provisoirement, & Grégoire XV ne lui ayant point donné de loix particulières dans la Bulle d'érection, elle avoit cru avoir besoin de dispense jusqu'à ce qu'elle eût elle-même dressé ses constitutions. Ce fut, (ajoutent les Docteurs) pour lever tous les scrupules, qu'en demandant au Pape Urbain VIII la liberté de fixer ses loix, la Congrégation obtint la dispense pour le temps où ses Constitutions n'auroient pas acquis leur perfection & ne seroient pas en pleine vigueur. (*c*)

(*a*) Numquam in Congregatione sancti Mauri Constitutiones Vitenienses ad amussim sunt observatæ, neque omnes receptæ, sed quædam ex illis detracta, nonnulla superaddita & immutata ; nec eadem in singulis Monasteriis, nec uniformiter. *Consultat.*

(*b*) Dices : si PP. Congregationis non sint astricti Statutis & Constitutionibus Congregationis Cassinensis, & si S. P. intentionem non habuit illos obligare ad eorum observantiam ; cur illi petierunt, & sua sanctitas concessit dispensationem super his potiùs casibus, quàm aliis (*ibid*).

(*c*) Ob hanc causam obtenta est Bulla confirmationis quâ continetur facultas faciendi novas constitutiones. Quoniam verò advertebant negotium statuta faciendi, non nisi longo temporis tractu per-

D ij

Le sentiment des Docteurs rendit le calme ; les alarmes cessèrent ; on se soumit aux Constitutions. Mais peu d'années après la Congrégation eut une autre attaque à soutenir. Il ne fut pas aussi facile de l'appaiser, parce que la contradiction partoit d'un principe bien différent. D. Faron, après avoir été successivement Prieur en différens Monastères de la Congrégation, fut déplacé. Tant qu'on l'avoit maintenu dans les supériorités, les Constitutions n'avoient point excité sa critique. A peine se trouva-t-il réduit à l'état de simple Religieux, que son prétendu zèle se réveilla ; les Constitutions lui parurent contraires aux Lettres-Patentes de 1618, aux Bulles des Papes ; il gagna quelques Religieux, & parvint même à surprendre des personnes constituées en dignité.

Le 23 Septembre 1645 il eut le crédit d'obtenir un Arrêt du Conseil qui l'autorisa à se retirer, avec ses Adhérens, au Monastère de S. Martin-des-Champs, & qui fit défenses d'attenter à leurs personnes. D. Tarisse Supérieur général y forma opposition. Par un second Arrêt rendu sur sa Requête le 10 Octobre, il fut ordonné que sans s'arrêter à celui du 23 Septembre précédent, les Parties procéderoient au Parlement, & cependant il fut enjoint à D. Faron & Consors de se retirer vers le Supérieur général, pour être pourvûs de Monastères, & y vivre sous l'obéissance & l'observation de la Règle.

L'affaire fut instruite au Parlement ; les Faronites y demandèrent *que pour éviter la ruine de la Congrégation*

agi posse, & interim, ob penuriam virorum capacium non posse ad litteram observare quædam statuta Congregationis SS. Vitoni & Hydulphi, ad tollendam omnem scrupulum qui facilius in negotiis concernentibus electiones... quàm quibuslibet aliis, horum potius statutorum dispensationem petierunt & obtinuerunt..... ex supradictis deducitur Congregationem S. Mauri non solùm posse novas Constitutiones, dimissis Cassinensibus & Lotharingicis, sibi præscribere, non obstantibus clausulis Bullarum, statuto capituli generalis anni 1619 ac juramento, sed etiàm jam factas ad praxim & usum reducere. (*ibid*)

tant au spirituel qu'au temporel, les anciens Statuts fussent exécutés, & suivant iceux fait réglement. Par Arrêt contradictoire du 17 Février 1646, ils furent déboutés de leur Requête ; l'Arrêt les déclara *non recevables & incapables d'agir*, & leur ordonna *de se retirer incessamment par devant le Supérieur général, pour leur être pourvu de Monastères en icelle, & y vivre sous l'obéissance & l'observance de leur Règle.*

D. Faron se flatant qu'il auroit un meilleur succès à Rome, y députa deux Religieux qui lui étoient attachés. Ils présentèrent leur Requête à la Congrégation des Réguliers; elle fut communiquée au Procureur général de la Congrégation qui résidoit à Rome. La contestation se poursuivit contradictoirement.

On voit, soit par les Requêtes des Faronites qui sont conservées à l'Abbaye de S. Germain-des-Prés, soit par le Mémoire qui fut imprimé pour la défense des Supérieurs, ce qui choquoit ces Religieux dans les Constitutions, & les moyens qu'ils employoient contre elles.

Les Faronites se plaignoient de ce que la Congrégation de S. Maur avoit créé des Assistans & leur avoit donné droit de suffrages dans les Chapitres; de ce qu'elle avoit supprimé l'emploi des Conservateurs établi dans la Congrégation du Mont Cassin ; de ce que les Conventuels n'assistoient point aux Chapitres généraux ; de ce que les Chapitres étoient triennaux, pendant qu'ils étoient annuels au Mont Cassin & à S. Vanne ; de ce que les Définiteurs ne changeoient pas à chaque Chapitre ; enfin de ce que les Supérieurs Majeurs pouvoient être continués, & de ce que les Supérieurs locaux n'étoient plus obligés de vaquer après trois ans.

Les Faronites prétendoient que la Congrégation de S. Maur ayant été engendrée par celle de S. Vanne, & que celle-ci ayant été assujettie à la réforme & à l'institut du Mont Cassin, celle de S. Maur étoit par son origine même dépendante des loix du Mont Cassin. Qu'elle y avoit été expressément soumise par la Bulle de 1621, puisqu'elle avoit été érigée *ad inſtar* des Congrégations du Mont Caſſin & de S. Vanne, puiſque Grégoire XV avoit ordonné qu'elle ſe gouverneroit ſuivant les loix de ces Congrégations, & que ſes Prieurs ſeroient élus conformément à leurs Statuts & uſages ; puiſque ce Pape les avoit diſpenſés de l'exécution du vingt-uniéme Chapitre des Déclarations du Mont Caſſin, & que la diſpenſe n'avoit été accordée que ſur la propre Requête des premiers Supérieurs de S. Maur.

Ils ajoutoient qu'Urbain VIII avoit confirmé la Bulle de ſon Prédéceſſeur, qu'il avoit renouvellé la diſpenſe accordée par la Bulle de 1621, qu'il y avoit ajouté celle des Vacances preſcrites aux Supérieurs Majeurs par les Conſtitutions du Mont Caſſin ; qu'avant 1630 les Religieux faiſoient un ſerment ſolemnel de ſe conformer aux réglemens du Mont Caſſin ; que le Chapitre de 1621 s'étoit obligé par un décret précis à ſuivre les Conſtitutions de la Congrégation de S. Vanne ; que les Lettres-Patentes de 1618 en avoient fait une loi authentique, & qu'en effet elles avoient été conſtamment la régle de la Congrégation de S. Maur juſqu'en 1630.

Les Faronites ſoutenoient enfin que la Congrégation de S. Maur n'avoit pas eû le pouvoir de ſe faire des Conſtitutions ; que les Papes n'érigeoient jamais des Congrégations ſans leur donner un inſtitut, ſans fixer leur manière de vivre, leur police, leur gouvernement ; qu'il ne pouvoit pas être permis à ces Corps de s'écarter des loix qui leur étoient preſcrites, & qu'il ſeroit d'une dangereuſe conſéquence de leur laiſſer la liberté de toucher à leurs conſtitutions.

Les Supérieurs répondirent dans le Mémoire qui fut imprimé :

1°. que la Réforme & l'Inſtitut ſont les mêmes dans les trois Congrégations du Mont Caſſin, de S. Vanne & de S. Maur ; que celle de Lorraine a été établie ſur le modèle de celle du Mont Caſſin, que celle de S. Maur a pris naiſſance dans le ſein de la Congrégation de S.

Vanne ; mais que l'origine de l'une & la ressemblance de l'autre n'exigeoient pas une identité parfaite de régime & d'administration. Que la Bulle, qui avoit érigé la Congrégation de S. Vanne *ad instar* de celle du Mont Cassin, ne l'avoit point astreinte à se conformer aux Statuts du Mont Cassin ; qu'il eût été même impossible que cette Congrégation, composée dans sa naissance des deux seules Maisons de S. Vanne & de S. Hydulphe, eût exécuté des Constitutions qui supposoient un grand nombre de Monastères. Que la Congrégation de S. Vanne ne s'étoit jamais crue obligée de suivre toutes les loix du Mont Cassin ; que le Chapitre général de la Congrégation Italienne devoit avoir neuf Définiteurs, & que le Chapitre de S. Vanne n'en élisoit que sept. Qu'au Mont Cassin les sujets élus Définiteurs en deux Chapitres consécutifs, ne pouvoient l'être dans le troisiéme, & que cette exclusion n'avoit lieu à S. Vanne que pour les Visiteurs ; que le Mont Cassin étoit gouverné par un Président & six Visiteurs, & que S. Vanne avoit un Président, & deux Visiteurs seulement. Qu'au Mont Cassin aucun Définiteur ne pouvoit être élu Visiteur, que le contraire se pratiquoit à S. Vanne ; qu'au Mont Cassin aucun Supérieur ne pouvoit être déposé, que, des neuf Définiteurs, sept ne concourussent, & qu'à S. Vanne la réunion de quatre Définiteurs avoit toujours suffi. Qu'au Mont Cassin les Supérieurs locaux n'avoient en aucun temps été assujettis à la vacance exclusive, & que dans la Congrégation de Lorraine les Prieurs étoient dans la nécessité de vacquer après cinq années de supériorités. Qu'au Mont Cassin les Définiteurs devoient être Profés de différens Monastères, & qu'à S. Vanne cette restriction n'avoit été ni nécessaire ni possible. Ces différences dans le régime n'empêchoient pas que S. Vanne n'eût été érigé sur le modèle du Mont Cassin, & que les deux Congrégations n'eussent le même Institut. La Congrégation de S. Maur pouvoit donc suivre la réforme de Saint Vanne, sortir de son sein, & avoir des usages particuliers.

On répondit aux inductions que les Faronites tiroient de la Bulle de 1621.

1°. Qu'une Congrégation créée *ad instar* d'une autre, n'est pas tenue de rendre tous les traits de son modèle ; qu'elle peut avoir des attributs particuliers ; qu'il y avoit assez de conformités entre la Congrégation de S. Maur & celles du Mont-Cassin & de S. Vanne, pour dire qu'elles avoient été formées sur le même plan, que l'une ressembloit à l'autre. Que cette solution avoit été solidement établie dans la consultation des Docteurs de l'Université de Paris.

2°. Que par la Bulle de 1621 la Congrégation avoit été érigée dans la forme de celle du Mont-Cassin, *ad instar erigimus;* mais que la Bulle ne lui imposoit pas l'obligation de se gouverner comme cette Congrégation ; que la clause *ad instar* ne se rapportoit pas aux mots *regendam & gubernandam*, qu'uniquement relative au terme *erigimus*, elle ne frappoit que sur l'aggrégation de plusieurs Monastères en un seul corps ; que le Pape Grégoire XV avoit voulu former une Congrégation par l'union des Monastères reformés du Royaume sous un seul Président, & que l'aggrégation, différente de celles de Cluny, Cîteaux, Prémontrés, où les Monastères dépendent d'un Abbé Titulaire & Chef-d'ordre, fût semblable à celles du Mont-Cassin & de S. Vanne, où le Supérieur est élu par le Chapitre, *per unum Vicarium regendam & gubernandam*, que la Bulle n'étoit pas susceptible d'un autre sens. Qu'au surplus s'il étoit possible de rapprocher les deux expressions *regendam ad instar*, elles ne frapperoient que sur le gouvernement du Supérieur général de la Congrégation ; que par conséquent on ne pourroit en conclure autre chose sinon que le régime de S. Maur devoit être conforme à celui du Mont-Cassin ou de S. Vanne, dans la partie qui concerne l'administration du Supérieur général.

3°. Que si les supériorités locales étoient confiées à des Prieurs élus suivant les rits & statuts du Mont-Cassin & de S. Vanne, ce n'étoit point parce que la Congrégation de
S.

S. Maur étoit aftreinte à toutes les loix de ces deux Congrégations ; qu'au contraire il eût été inutile de la foumettre à ce réglement par une difpofition particulière, fi fon érection *ad inftar* des Congrégations du Mont-Caffin & de S. Vanne l'eût dejà affujettie au regime & à toutes les Conftitutions de ces Congrégations. Que la claufe de la Bulle ne portoit que fur le caractère des fupériorités locales, & fur la maniere d'élire les Prieurs. Que même c'étoit moins une loi que Grégoire XV avoit impofée à la Congrégation de S. Maur, qu'un privilège que ce Pape lui avoit accordé. Il avoit voulu que fes Monaftères ne fuffent pas régis par des Titulaires, ou par des Supérieurs choifis par chaque Communauté fuivant le droit commun, mais que les Prieurs ne reçuffent leur inftitution que du Chapitre général.

4°. Que les premiers PP. de la Congrégation de S. Maur s'étoient foumis à la réforme du Mont-Caffin, & s'étoient liés par un ferment à la fuivre; mais qu'aucune Bulle ne les y avoit aftreints, puifque la Congrégation n'en avoit point encore; que ce fut fur leur propre fupplique que Grégoire XV les difpenfa pour un tems d'exécuter le 21ᵉ chapitre des déclarations du Mont-Caffin fur la règle de S. Benoît ; qu'ils le demanderent moins par néceffité que par une fimple précaution, pour plus grande fureté dans la vûe de lever tout fcrupule. Que la Congrégation du Mont-Caffin avoit trois fortes de Conftitutions très-diftinctes recueillies dans des volumes féparés. 1°. Les déclarations fur la règle. 2°. Les ftatuts qui réglent fon régime. 3°. Les décrets des Chapitres généraux; qu'avant 1621 la Congrégation de S. Maur avoit adopté les déclarations; que néanmoins la loi qu'elle s'étoit impofée de s'y conformer, n'emportoit pas l'obligation de prendre pour régle les Conftitutions du régime, ou les décrets des Chapitres généraux du Mont-Caffin. Qu'ainfi les Faronites concluoient mal-à-propos de la difpenfe accordée par la Bulle de 1621, que la Congrégation de S. Maur n'avoit pû choifir une adminiftration differente de celle du Mont-Caffin.

2°. Qu'aux termes de la Bulle de 1621 la Congrégation devoit avoir un Vicaire Général, que ce Supérieur devoit être élu dans le Chapitre, & que chaque Monastère devoit avoir à sa tête un Prieur également élu par le Chapitre; mais que ces trois réglemens étoient les seuls que la Bulle d'érection eût prescrits; que la Congrégation les avoit regardés comme des loix fondamentales de son régime, qu'elle les avoit toujours observés; qu'on ne pouvoit donc lui reprocher d'avoir enfreint les loix que lui avoit données le S. Siége. Que ces articles, loin de prouver que le Pape eût voulu soumettre la Congrégation de S. Maur au régime du Mont-Cassin, renfermoient un témoignage évident du contraire. Que si Grégoire XV eût expressément ordonné à la Congrégation qu'il érigeoit, de se conformer aux loix du Mont-Cassin, il se seroit contenté de cette disposition générale. Grégoire XV laisse au Supérieur Général seul le gouvernement de la Congrégation hors le tems du Chapitre, & dans les Congrégations du Mont-Cassin & de S. Vanne, cette administration étoit partagée entre le Président & les Visiteurs. Au Mont-Cassin & à S. Vanne le Chapitre étoit annal; le Président & le Visiteur y étoient élus chaque année. Grégoire XV laissa à la Congrégation de S. Maur la liberté d'assembler ses Chapitres tous les ans, tous les deux, ou tous les trois ans, & d'élire par conséquent son Vicaire Général pour un triennal. C'est donc dans la Bulle même d'érection qu'on trouve le fondement de la diversité du régime de la Congrégation de S. Maur.

3°. Il fut facile aux Supérieurs de la Congrégation d'établir que la Bulle d'Urbain VIII n'étoit pas plus favorable au système des Faronites que celle de son prédécesseur. La Bulle de 1627 confirme celle de 1621; elle renouvelle & étend les dispenses qu'elle renfermoit; or les mêmes clauses n'ont pas des sens différens dans les deux rescrits.

Urbain VIII ajoûte, à la vérité, la dispense de la durée des Supériorités, en permettant de continuer les Supérieurs au-delà du terme prescrit par les Constitutions; mais ce n'est pas des Conſtitutions du Mont-Caſſin ou de S. Vanne dont parle la Bulle ; c'eſt de celles de la Congrégation de ſaint Maur : la clauſe eſt trop claire pour ſouffrir une autre interprétation, *ultrà tempus indictæ Congregationis Conſtitutionibus præfixum.*

Les Faronites objectoient que la Congrégation de ſaint Maur n'avoit point encore de Conſtitutions qui lui fuſſent propres. Ils ſe trompoient, ſes Chapitres généraux avoient fait des décrets; elle avoit projetté des ſtatuts. Ils étoient déjà dreſſés, elle étoit ſur le point de les porter à leur perfection pour les rendre enſuite irrévocables. Or par ces ſtatuts les Supériorités étoient limitées à un tems. Ce fut donc parce qu'on prévit que les Conſtitutions ſeroient plutôt fixées & publiées qu'il ne ſeroit poſſible d'exécuter ce reglement, ou du moins que le défaut de ſujets capables empêcheroit peut-être de l'obſerver rigoureuſement, que, par une ſage précaution, on demanda au S. Siège la liberté de s'en diſpenſer juſqu'à ce que la Congrégation fût plus nombreuſe. Urbain VIII accorda la diſpenſe tant pour les Conſtitutions faites que par rapport à celles qui pourroient l'être, *jam condita & condenda.* Il permit de s'écarter en ce point des Conſtitutions que la Congrégation avoit ou qu'elle pourroit avoir dans la ſuite. Comment Urbain VIII eût-il impoſé l'obligation indiſpenſable de ſuivre le régime du Mont-Caſſin dans une Bulle où il autoriſoit expreſſément la Congrégation de S. Maur à dreſſer elle-même les loix de ſon gouvernement ?

4°. Le ſerment oppoſé par les Faronites n'exigea pas une longue diſcuſſion. Chaque Religieux avoit promis d'obſerver la règle de S. Benoît telle qu'elle étoit expliquée, & qu'elle ſe pratiquoit au Mont-Caſſin ; l'engagement ne tomboit donc que ſur les déclarations, & non ſur les Conſtitutions qui régloient le régime du Mont-Caſſin ; le régime de la Congrégation de S. Maur avoit éprouvé des variations conſidérables avant 1628, & dès l'origine elle s'étoit écartée ſur pluſieurs articles du régime du Mont-Caſſin : le ſerment ne pouvoit donc avoir ce régime pour objet. Les Docteurs avoient décidé en 1635 que le serment ayant été établi par le Chapitre général, la même autorité avoit eu le pouvoir d'en dispenser. Enfin Urbain VIII, en permettant à la Congrégation de saint Maur de se donner des Constitutions, avoit dérogé à toute loi, Bulle ou serment contraire : *Non obstantibus Ordinationibus Apostolicis, juramento ... vel statutis.*

5°. Combien les Faroñites n'étoient-ils pas imprudens d'avancer qu'avant 1630 la Congrégation de S. Maur se conformoit scrupuleusement aux loix du Mont-Cassin ? Personne n'ignoroit (en 1647) qu'elle ne les avoit jamais suivies qu'en partie ; « a-t-on jamais observé que ceux qui
» avoient été Définiteurs en un Chapitre ne le fussent
» encore aux suivans ? D. Regnier n'a-t-il pas été quatre
» fois consécutivement Président du Définitoire ? N'a-t-il
» pas été trois fois de suite Supérieur de la Congréga-
» tion ? D. Tenier l'a été en 1624, 1625, 1626.
» D. Dupont aux années suivantes jusqu'en 1630, & ce-
» pendant par les Constitutions du Mont - Cassin une
» même personne ne peut être continuée en cette charge.
» A-t-on jamais vû en France que les Définiteurs pus-
» sent être élus Visiteurs, & réciproquement que les Vi-
» siteurs ne pussent être élus Définiteurs ? Les actes des
» Chapitres ne font-ils pas foi que presque tous ceux qui
» ont été Visiteurs avant 1630 avoient été Définiteurs
» au Chapitre précédent ? .... Ne se trouve-t-il pas en
» trois Chapitres qu'il n'y a eu que sept Définiteurs con-
» tre la pratique du Mont-Cassin, où ils doivent être
» neuf ? A-t-on jamais observé que les Définiteurs fus-
» sent Profès de divers Monastères comme au Mont-
» Cassin ? Les Auditeurs des causes du Mont-Cassin doi-
» vent être pris nécessairement du nombre des Supérieurs:
» On les prenoit à S. Maur tous, ou en partie, du nombre
» des Conventuels. Au Mont-Cassin les visites doivent se
» faire par deux Visiteurs égaux : dès le commencement
» de la Congrégation il n'y en eut qu'un, & il se faisoit
» assister de quelque Supérieur voisin, même d'un simple
» Religieux. On produiroit encore quantité d'autres choses

» qui n'ont jamais été pratiquées en la Congrégation de
» S. Maur, & auxquelles le régime & les Conftitutions
» du Mont-Caffin obligent abfolument (*a*).

6º. Si les Faronites fe rejettoient fur les loix de la Congrégation de S. Vanne, cette reffource leur étoit inutile ; ils argumentoient du dixiéme décret du Chapitre général de 1621, & des Lettres Patentes du mois d'Août 1618.

Le décret formé par le Chapitre de 1621 avoit pu être abrogé par un Chapitre poftérieur. Ce décret n'avoit pris pour régle les Conftitutions de la Congrégation de Lorraine qu'avec cette reftriction décifive : *Exceptis iis quæ in hoc capitulo, aliisque præcedentibus, revocata vel immutata fuerunt.* Le décret ne parloit que des Déclarations fur la règle, des cérémonies ou obfervances régulières, qui n'avoient rien de commun avec le régime.

A l'égard des Lettres-Patentes de 1618, elles permettoient & n'ordonnoient pas de vivre fuivant les Statuts de S. Vanne. Louis XIII n'avoit prétendu autorifer que la réforme; les Lettres-Patentes fembloient plutôt exclure qu'approuver le régime en défendant l'introduction de la Congrégation de S. Vanne. Quand les Lettres-Patentes pourroient s'expliquer autrement, Louis XIII auroit déchargé de l'exécution de fa première loi par fes Lettres Patentes de 1631, qui ont confirmé la Bulle d'Urbain VIII ; *cette Bulle contient les fondemens d'un régime bien différent de celui de S. Vanne* (*b*)

7º. Etoit-il donc poffible de contefter à la Congrégation de S. Maur le droit de dreffer elle-même le Code des loix de fon régime ? Cette dernière prétention des Faronites étoit contraire aux décifions des Conciles de Latran & de Trente, à la difpofition textuelle de la Bulle d'Urbain VIII, & par conféquent des Lettres-Patentes & de l'Arrêt d'homologation qui ordonnent l'exécution de ce refcrit. Eugene IV avoit accordé la même faculté

[*a*] Mém. imprimé. Pages 14. 15.
[*b*] *Ibid.* Page 20.

à la Congrégation du Mont Caſſin ; la réforme de Chezal Benoît avoit ſes Statuts, avant qu'elle fût approuvée à Rome, & Leon X les confirma.

Doit-il paroître extraordinaire qu'on laiſſe à une nouvelle réforme le ſoin de juger de ce qui peut lui être plus avantageux ? Les lumières néceſſaires pour arrêter un bon gouvernement, ne s'acquierent qu'avec le temps. L'expérience fait ſouvent découvrir des inconvéniens dans des premieres loix qui paroiſſoient dictées par la ſageſſe. La Congrégation du Mont Caſſin a été 70 ans à fixer la manutention de ſon régime. (a) Celle de S. Maur a travaillé dès ſon berceau à ſes Conſtitutions, & elles n'ont reçu leur derniere perfection qu'en 1645.

Les Faronites confondoient l'inſtitut avec le régime. On n'érige pas des Corps réguliers ſans leur donner une Règle. L'inſtitut, dans la force du terme, ſignifie le corps des Loix fondamentales ſur leſquelles les Ordres Religieux ont été établis. Ces loix ſont celles qui dirigent la vie, les mœurs, les actions, qui preſcrivent les moyens de tendre à la perfection par des exercices & des pratiques ſaintes. Ce ſont ces Loix que les Conciles appellent *Inſtitutio Regularis*. Celles qui déterminent la police & le régime n'appartiennent point à ces Loix fondamentales ; elles peuvent varier ; on a toujours diſtingué la règle des Conſtitutions. Le Pape ne peut donc ériger un Ordre ou une Congrégation ſans inſtitut, c'eſt-à-dire, ſans une Règle primitive & eſſentielle ; mais l'inſtitut en lui-même eſt indépendant de telle police, ou de tel gouvernement extérieur. La Congrégation du Mont Caſſin ne fut pas établie ſans inſtitut, parce qu'on ne lui propoſa d'autre

[a] La Congrégation de S. Vanne n'a publié ſes Conſtitutions particulières qu'en 1616. Celles du Mont Caſſin & les décrets du Cardinal de Lorraine étant les ſeules Règles qui fuſſent reconnues & ſuivies dans cette Congrégation, on propoſa au Chapitre général de l'an 1614, de les réduire en un ſeul Corps : elles furent rédigées par les Prieurs de S. Menſuy & de S. Epore. Mémoire imprimé en 1741 pour les Religieux de S. Vanne p. 10 & 11.

Règle que celle de S. Benoît. La réforme du Mont Caffin & celle de S. Vanne, c'est-à-dire la manière dont ces Congrégations observent la Règle de S. Benoît, offre l'institut de celle de S. Maur; mais les Constitutions de ces Corps ne laissent pas d'être différentes, quoique leur institut soit le même.

8°. Enfin les Supérieurs de la Congrégation de S. Maur justifièrent les Constitutions sur tous les articles qui avoient excité la critique des Faronites. Ils répondirent en particulier à celui qui concernoit les vacances, qu'elles avoient lieu dans la Congrégation de S. Maur, mais qu'elles n'y étoient point exclusives, & qu'elles ne l'avoient jamais été; que dans la Congrégation du Mont Caffin elles ne l'avoient pas été davantage par rapport aux Supériorités locales, & qu'à l'égard des Supériorités majeures ses usages avoient varié, que suivant la Règle de Saint Benoît les Supériorités régulières étoient perpétuelles; que c'étoit encore la pratique des anciens Ordres de Cluny, Cîteaux, Prémontrés, des Chartreux, &c; que les Vacances exclusives avoient l'inconvénient de priver les Congrégations, où elles sont admises, des services que peuvent leur rendre des Supérieurs expérimentés; que pour prévenir les dangers de la domination, il suffisoit que la Congrégation fût maîtresse de ne pas continuer les Supérieurs, quand elle ne seroit pas satisfaite de leur administration.

Des raisons si sensibles & si frappantes triompherent à Rome de toutes les subtilités des Faronites. La Congrégation des Réguliers rendit son décret le 23 Août 1647. Elle y décida que la Congrégation de S. Maur avoit pû avoir un régime propre, qu'elle avoit pû le fixer elle-même, qu'elle avoit encore le pouvoir d'y faire les changemens qu'elle croiroit nécessaires, pourvu qu'elle ne statuât rien qui fût contraire à la Règle de S. Benoît, & aux dispositions des SS. Canons; que par conséquent tous les Religieux Profès de la Congrégation étoient obligés, suivant leur vœu d'obéissance, de se soumettre à ses Constitutions & de les obferver religieufement. (*a*) Le Pape Innocent X confirma ce jugement par un bref daté du 9 Novembre de la même année.

D. Faron étant mort peu de temps après, la Congrégation de S. Maur vécut en paix fous l'empire de fes Conftitutions jufqu'en 1680. Alors D. Chappe, Religieux mécontent, hazarda de nouvelles plaintes contre les Conftitutions. Mais plus adroit que D. Faron, il commença par fe rendre le Miniftère favorable, en l'intéreffant par de prétendues découvertes qu'il difoit avoir faites dans l'Abbaye de S. Vincent du Mans, touchant les droits du Roi. Quand il fe crut affuré de la protection de la Cour, il lui préfenta un Mémoire, où les Conftitutions furent dénoncées comme dangéreufes & contraires aux loix primitives de la Congrégation. Il y déféra fpécialement le décret *contra appellantes*, & le Statut qui permet de continuer les Supérieurs au de-là du premier triennal.

Louis XIV chargea M. l'Archevêque de Paris, M. de Seignelay, & M. de la Reynie Lieutenant de Police, d'examiner le Mémoire. Il fut communiqué aux Supérieurs de la Congrégation; ils dreffèrent leur réponfe, & communiquèrent les piéces du procès jugé contre D. Faron. Le fieur Cheron, Official de Paris, à qui le rapport avoit été confié, rendit fon compte aux Commiffaires, qui trouvèrent les Conftitutions fi réfléchies, le régime fi fage

[*a*] Sacra Congregatio, auditis partibus; vifis litteris erectionis nec non confirmationis, vifo etiam juramento per Novitios olim emitti folito, ac juribus & rationibus utriufque partis in contradictorio judicio examinatis, ... cenfuit licuiffe & licere Patribus Superioribus in Capitulis generalibus prædicta & quæcumque alia decreta, Conftitutiones [& ftatuta etiam propria & particularia. [modo tamen SS. Canonibus, & Concilii Tridentini decretis, ac Regulæ S. Benedicti non adverfentur] condere ac pro tempore innovare.... ideoque omnes & fingulos ejufdem Congregationis Profeffos teneri & obligatos effe, fub præfcripto fanctæ obedientiæ, præfatas Conftitutiones.... acceptare, eifdemque pro viribus parere, ac fe conformare, præmiffis objectionibus, & allegationibus non obftantibus.

sage, qu'ils témoignèrent au feu Roi, que si les Constitutions n'étoient pas faites, il faudroit régler les choses comme elles l'avoient été. Louis XIV parut satisfait. Les Constitutions furent applaudies, la Congrégation maintenue dans sa possession, son gouvernement autorisé. D. Chappe se désista, & le calme fut rendu à la Congrégation.

Qui auroit pu penser qu'en 1763 des Religieux marchant sur les traces de D. Faron, se livreroient aux mêmes clameurs contre les Constitutions ? L'année dernière on tenta d'exciter une fermentation dans les esprits par des libelles anonymes, où l'on exhaloit les plaintes les plus ameres & les plus déplacées contre la prétendue perpétuité des Supérieurs. (Ces libelles ont été flétris par des Arrêts solemnels.) Les plaintes ont été renouvellées dans quelques Mémoires adressés au Chapitre général; ils y ont été examinés. Le Chapitre, sur le vœu commun des Provinces a fait un décret qui confirme les Constitutions. Les Définiteurs ont en conséquence procédé aux élections suivant l'ancien usage.

Quelques Religieux particuliers (a) ont appellé comme d'abus de ces élections. Sur l'appel ils ont intimé le Supérieur général de la Congrégation par exploit du 17 Août 1763. Ils ont fait imprimer une Consultation datée du premier Juillet 1763, où sont expliqués les objets & les motifs de leurs vaines accusations. Ils attaquent le décret des Constitutions intitulé *contra appellantes*, les obédiences qui leur ont été données par le Chapitre, c'est-à-dire par l'assemblée générale revêtue de toute l'autorité du Corps, & les élections faites dans le Chapitre

[a] D. Limerac, D. Dutoya, D. Faure, D. Revial, D. Martin D. Sarnagache, D. Claude Bosc, D. Cazals, D. Seigneuret, D. Trabay, D. Carriere ont appellé comme d'abus au Parlement de Bordeaux, D. Faur a interjetté un semblable appel au Parlement de Toulouse, & a intimé le R. P. Supérieur général par exploit du 8 Juin 1763. D. Casals, D. Seigneuret, D. Revial, D. Bosc, D. Carriere, D. Dutoya ont depuis retracté leur démarche.

F

comme contraires à la loi de la triennalité.

Si on les en croit, la triennalité exclusive, aussi ancienne que la Congrégation, en forme une loi fondamentale. Cette triennalité née avec elle a été prescrite par les Lettres Patentes de 1610 & 1618 ; elle est littéralement écrite dans les Bulles de 1621 & 1627 ; elle se renouvelle sans cesse par le serment que chaque Religieux fait avec l'émission de ses vœux. Elle fut une condition essentielle de l'union de la Congrégation de Chezal-Benoît, avec celle de S. Maur.

Or, ajoutent-ils, cette loi essentielle est violée dans tous les Chapitres généraux. Après la formalité illusoire des dépositions, les Supérieurs sont continués, & reprennent leurs fonctions, ou dans les mêmes Maisons ou dans d'autres Monastères. Quelquefois, après qu'ils ont rempli deux triennaux, le Chapitre ordonne que le Supérieur Général y pourvoira, *providebit*, & le Supérieur général les laisse dans la même supériorité sous le titre de Commissaires. A peine a-t-on institué vingt nouveaux Prieurs dans les derniers Chapitres. Ce renversement du régime primordial entretient tous les inconvéniens de la perpétuité ; il prive chaque Religieux du droit qu'il a de passer dans les Charges ; il enlève à la Congrégation le précieux avantage de récompenser successivement tous ses membres de leurs travaux.

Les Appellans s'objectent l'autorité des Constitutions, & ils ne craignent point de les inculper d'abus. Elles sont attentatoires aux titres d'érection de la Congrégation. Elles n'ont jamais eu d'approbation légale. L'Arrêt du 21 Mars 1633 en a simplement ordonné le dépôt, & il y a une notable différence entre le dépôt & l'enregistrement. Le premier se fait en connoissance de cause, & emporte approbation. Le second ne sert qu'à assurer l'état de la pièce pour y avoir recours en cas de besoin. Le décret de la Congrégation des Cardinaux & le Bref d'Innocent X *portent avec eux le signe de leur réprobation, s'il est vrai qu'ils ayent jugé contre la triennalité.*

Il y a, comme on le voit, unité de système, de suppositions, de moyens dans la Consultation du premier Juillet dernier, & dans les écrits des Faronites. Les raisons de ceux-ci furent pulvérisées dans le Mémoire que firent imprimer les Supérieurs de la Congrégation. Seroit-il possible qu'après plus d'un siécle de l'exécution la plus constante des Constitutions, depuis le jugement porté contre les Faronites, les preuves, qui parurent si triomphantes contre eux, eussent aujourd'hui moins de force, & fissent moins d'impression sur les esprits ?

MOYENS.

L'abus suppose un excès d'autorité, un acte qui contredise les Loix, soit générales, soit particulieres, une vexation qui entame l'état ou les droits de celui qui implore la protection Royale. Les Appellans se représentent comme des Religieux *persécutés* par les obédiences qu'ils ont reçues. Le Decret *contra appellantes* leur paroît contraire aux maximes générales du Royaume. Ils prétendent que les élections du dernier Chapitre sont un renversement des titres primitifs de la Congrégation, des loix fondamentales qui lui ont donné l'existence légale.

Chacun de ces objets mérite une discussion particuliere. Examinons d'abord celui qui concerne les élections. Il est tout à la fois le plus important, le plus étendu, celui qui intéresse davantage le corps de la Congrégation.

PREMIERE QUESTION.

Les Elections faites au Chapitre général de 1763 sont-elles abusives ?

Des élections peuvent être répréhensibles sous différens rapports. Quels vices reproche-t-on aux élections du dernier Chapitre ? Conteste-t-on l'autorité des Définiteurs qui y ont procédé ? Les attaque-t-on du côté de la forme ?

Y relève-t-on des irrégularités ou des brigues ? Les élections sont à tous ces égards exemptes de critique. Les Appellans sont forcés d'avouer qu'elles ont été canoniques en elles-mêmes, qu'on y a suivi les usages de la Congrégation, qu'elles sont parfaitement conformes à ses Constitutions. Mais, chose étonnante, c'est précisément parce que le Chapitre a pris ses Constitutions pour règle, que les Appellans blâment sa conduite, qu'ils la dénoncent à la Justice. C'est donc moins sur les élections que frappe leur appel comme d'abus, que sur les loix mêmes qui régissent la Congrégation.

Mais des Religieux particuliers sont-ils recevables à inculper les Réglemens de leur propre Corps ? Réglemens anciens qui existoient avant eux, qui faisoient sa loi lorsqu'ils ont fait profession, qu'ils ont connus, étudiés même, avant de s'y lier par un engagement irrévocable. Sont-ils admissibles à réclamer contre le Régime auquel ils ont voué obéissance, contre une administration sous la foi de laquelle ils se sont rendus & ont été reçus Membres de la Congrégation ? L'Arrêt du 17 Février 1646 déclara D. Faron non-recevable à attaquer les Constitutions de Saint Maur.

A quelle anarchie ne seroient point exposées les Communautés régulieres, s'il falloit en changer les coutumes parce qu'elles déplairoient à quelques Religieux, y introduire de nouvelles règles au desir de quiconque se dégoûteroit des anciennes ? Ne seroit-il pas indispensable, par la même raison, de maintenir le premier gouvernement pour ceux qui y demeureroient attachés, & qui seroient d'autant plus fondés à en demander la conservation, que ce gouvernement ayant été en vigueur à l'époque de leur profession, ils auroient compté vivre sous son Empire.

On n'introduit point une réforme, on ne touche point au Régime d'une Congrégation sans son aveu ; le consentement des Religieux est nécessaire pour en changer les loix, parce qu'ils ont droit au gouvernement comme à l'Institut qu'ils ont embrassé : ce n'est point assez que des

Particuliers se déclarent pour l'innovation. Le Corps ne reçoit pas la loi de quelques Membres. Comment un petit nombre de Religieux mécontens pourroient-ils donc se flatter de faire réformer les usages d'une Communauté, de gêner la liberté de ses élections, pendant que la Congrégation ou le Chapitre général, qui en concentre toute l'autorité, s'oppose au changement, réclame sa possession, tient à l'exécution de ses Statuts.

Plus les Constitutions de la Congrégation de S. Maur ont acquis de crédit & d'autorité, plus on doit être surpris qu'on tente d'armer la Justice contr'elles. Ce sont ses Constitutions primitives, elles ont été faites avec la plus grande maturité; leur exécution a été aussi publique que constante. Mais, si l'on veut, laissons à l'écart tous ces avantages; oublions qu'elles ont présidé au Régime d'une Congrégation nombreuse, & dans le tems où son éclat a été porté au plus haut dégré. Dissimulons, s'il est possible, la faveur qu'elles méritent par leur âge, par les éloges qu'en ont faits les personnes les plus éclairées, par le poids que leur a donné l'expérience de plus de 130 années. On ne peut disconvenir au moins qu'elles n'aient acquis un caractère légal, une autorisation publique par l'Arrêt du 21 Mars 1633; c'en est assez pour garantir les élections du dernier chapitre de l'abus qu'on leur impute.

Envain cherche-t-on à transformer l'Arrêt de 1633 *en une simple ordonnance destinée à assûrer l'état d'une piéce*; (a) parce qu'en donnant acte à la Congrégation de S. Maur, de la *représentation de ses Statuts*, l'Arrêt a prononcé qu'ils *demeureroient au Greffe, pour y avoir recours quand besoin seroit*. Il n'en est pas des Constitutions d'un Corps Religieux, comme d'un titre produit dans un procès, dont l'une des parties a intérêt de prévenir la soustraction? Supposeroit-on quelque dessein semblable à l'égard des Constitutions qu'une Communauté soumet volontairement à l'inspection de la Justice? Quel intérêt pourroit exiger que

(a) Consultation du premier Juillet 1763. Page. 10.

leur exiſtence fût aſſurée. Ce n'eſt pas pour en conſtater l'état que les Corps Religieux préſentent leurs Statuts aux Cours ; c'eſt afin de les faire connoître, afin de pouvoir les obſerver de l'aveu des Magiſtrats. Quel ſeroit même le motif d'un ſimple dépôt dont il ne réſulteroit aucune autoriſation, aucune permiſſion d'exécuter les Statuts ? Y auroit-il jamais *beſoin d'y recourir*, ſi l'unique effet de l'Arrêt, qui en ordonne le dépôt, étoit de les enſevelir dans un Greffe ? L'Arrêt du 21 Mars 1633 a conſommé l'exiſtence légale de la Congrégation de S. Maur, en homologuant ſes Bulles d'érection ; il a en même-temps enregiſtré les Conſtitutions qui déterminoient ſa manière d'exiſter. A qui perſuadera-t-on que le Parlement ait donné l'être légal ſans approuver les Conſtitutions qui en règlent & fixent l'uſage, ſans conſentir au moins l'exécution proviſoire de la loi ſous laquelle la Congrégation devoit vivre.

Il eſt inutile de pénétrer les motifs qui ont fait préférer cette forme d'enregiſtrement, ou d'approfondir les différences qui peuvent la diſtinguer de celle de l'enregiſtrement ordinaire. L'Arrêt qui ordonne le dépôt renferme-t-il une vérification complette, comme celui qui preſcrit l'exécution ? Les Magiſtrats ſont-ils cenſés avoir confirmé tout ce que renferment les Conſtitutions, leur avoir donné l'impreſſion parfaite du caractère légal ? Il peut être vrai que l'enregiſtrement qui ſe borne au dépôt ne contienne qu'une vérification générale & proviſoire ; que les Cours l'employent pour ſe conſerver la liberté d'appoſer dans le beſoin des modifications aux Statuts. Mais, quoi qu'il en ſoit, il faut toujours reconnoître que les Statuts ſont enregiſtrés, que l'enregiſtrement a un effet qu'il eſt impoſſible de reſtraindre au ſeul dépôt, qui concernant une pièce aſſure ſon état ; que par conſéquent les Conſtitutions de la Congrégation de S. Maur ont reçu une autoriſation légale, (autoriſation définitive ou proviſoire) en vertu de laquelle la Congrégation a pu les exécuter & les propoſer pour règle à tous ſes membres.

Or cette autorisation quelconque est telle qu'il n'eût pas été permis au Chapitre général d'abroger le Statut qui concerne ses élections, pour y substituer de sa seule autorité, & sans l'aveu des Magistrats, un Statut contraire. Le Ministère public n'eût pas souffert que la Congrégation eût touché à la substance de ses loix, au préjudice de l'Arrêt de 1633, rendu sur ses propres conclusions. Il suffit que des Constitutions ayent une approbation provisoire pour que la Communauté qu'elles régissent soit obligée de les observer. L'autorisation, même provisoire, doit avoir son effet jusqu'à ce qu'il en ait été autrement ordonné par l'autorité publique. Le dernier Chapitre général se seroit donc exposé à voir son décret attaqué par l'appel comme d'abus, s'il eût porté atteinte à la loi qui règle ses élections. Comment seroit-il donc possible qu'il fût répréhensible pour avoir obéi aux Constitutions, pour en avoir maintenu l'exécution par un décret? Les deux contraires pourroient-ils être susceptibles d'un appel comme d'abus légitime?

Ces réflexions ne prouvent pas seulement que les Appellans sont non-recevables dans l'appel qu'ils ont interjetté des dernières élections, elles prouvent déja que ces élections ne sçauroient être abusives. Dès qu'on y a procédé sous l'autorité des Constitutions, elles sont régulières, & quand les Vacances absolues ou exclusives pourroient paroître préférables, quand on se détermineroit à les introduire dans la Congrégation, on ne pourroit le faire que par un Réglement qui auroit lieu pour l'avenir. On ne touchera pas à des élections faites sous la loi d'un enregistrement au moins provisoire, sous la foi des Constitutions, à l'ombre desquelles la Congrégation subsiste depuis plus d'un siècle.

Mais est-il vrai que l'article de ces Constitutions, qui permet de continuer les Supérieurs, soit abusif, qu'il soit contraire à la loi primitive de la Congrégation de S. Maur, aux titres de son érection? Combien ne seroit-il pas étonnant que l'abus, s'il étoit réel, s'il étoit aussi manifeste qu'on le suppose, n'eût frappé ni les auteurs des Constitutions, ni les Chapitres généraux qui les ont approuvées; qu'il eût échappé en 1633 à la vigilance du Ministère publique, à la lumière des Magistrats qui avoient en même-temps sous les yeux les Constitutions & les Bulles de 1621 & 1627; qu'il n'eût été apperçu ni par les Docteurs qui furent consultés en 1655, ni par les Sçavans qui applaudirent aux Constitutions dès qu'elles furent imprimées? Les Appellans étoient-ils réservés pour découvrir, après plus d'un siécle, de prétendus abus, qui jusqu'à présent n'avoient allarmé personne.

Il seroit absurde sans doute de prétendre que c'est un usage illégitime, dangereux, abusif en lui même, de continuer des Supérieurs après un triennal, ou de les placer après six ans dans d'autres Supériorités.

Personne n'ignore que, dans le premier Gouvernement de l'Ordre de S. Benoît, les Abbés étoient perpétuels; que ce plan fut dressé sur celui même de l'Eglise, où les dignités sont à vie, où les Pasteurs sont titulaires, & qu'il s'est conservé à Cluny, à Cîteaux, & dans quelques autres Congrégations. Qui oseroit taxer d'abus un régime fondé sur l'institution primitive, conforme à la discipline générale de l'Eglise, qui se maintient encore sous l'autorité des loix, avec l'approbation des deux Puissances, dans plusieurs Ordres monastiques.

On a vu des Auteurs élever du douxe sur l'utilité de l'usage contraire. Navarre examine sur le Canon *Nullam*, (*a*) où le Pape Pelage relève le danger de laisser aux Religieux la liberté de déposer leurs Abbés, si le gouvernement perpétuel est préférable à l'administration triennale; après avoir balancé les avantages & les inconvéniens de l'un & de l'autre régime, il conclud en faveur de la perpétuité. Il déclare même que s'il le pouvoit, il ne balanceroit pas à la rétablir, conformément aux vues des SS. Peres, de S. Basile, de S. Augustin, de S. Benoît;

(*a*) C. 18. Q. 2.

mais

mais qu'il feroit obferver avec exactitude les Canons qui ordonnent de dépofer les Supérieurs qui abufent de leur pouvoir. (*a*)

La perpétuité a fes dangers, fur tout parce qu'elle fait craindre une autorité trop abfolue. Navarre qui ne fe les diffimuloit point, infiftoit fur la néceffité de tenir la main à l'exécution des Canons qui ordonnent de punir les Abbés prévaricateurs ; mais il penfoit que cette précaution étoit fuffifante. On voit par l'établiffement des dernières Réformes qu'on a été peu touché de l'efficacité de ce remède ; l'expérience avoit fait fentir trop vivement les inconvéniens de la perpétuité.

Dans toutes les nouvelles Congrégations les fupériorités ont été limitées à un temps, & l'expiration du terme fixé les fait vaquer. Mais cette Vacance s'exécute de deux manières fort différentes. Elle eft rigoureufe & exclufive dans quelques Congrégations. Dans les autres le Chapitre a la liberté de continuer les mêmes fujets. Dans les premières il eft indifpenfable que ceux, dont le temps eft écoulé, demeurent une ou plufieurs années fans être rétablis dans les fupériorités, leur inftitution feroit nulle s'ils étoient élus de nouveau : dans les autres, fi les fupériorités vaquent au temps marqué par les réglemens, l'éligibilité de ceux qui les rempliffoient n'eft point fufpendue. Le Chapitre peut les choifir ou pour la même place, ou pour d'autres fupériorités.

Il eft évident que ni l'un ni l'autre de ces ufages ne peut être taxé d'abus, puifque tous les deux font autorifés, puifqu'ils s'exécutent publiquement, qu'ils font même établis par des Conftitutions légalement approuvées. La vacance eft abfolue dans la Congrégation de S. Vanne, elle y a été introduite par le Cardinal de Lorraine, con-

---

(*a*) Quod fi abfque fcandalo poffem, antiquum ftatum perpetuorum Prælatorum reftituerem, quem SS. PP. Bafilius, Auguftinus, Benedictus........ inftituerunt ; fervatis ad unguem Canonibus, quibus Prælati fuo munere abutentes deponerentur [L. 3. Confil. de ftatu Monach. Confil. 17.]

firmée par des Bulles de Rome, maintenue par un Arrêt contradictoire rendu en 1744. Dans celle du Mont Caffin, les Vacances n'ont jamais été exclufives pour les fupériorités locales, & fi, pendant quelques intervalles, elles ont été telles pour les fupériorités majeures ou générales, la Congrégation a elle-même demandé & obtenu la réformation de cet ufage, parce qu'elle en avoit éprouvé les inconvéniens.

Mais quoique les deux efpèces de vacances foient légitimes en elles-mêmes, elles ne méritent pas, à beaucoup près, la même faveur. La vacance rigoureufe n'eft point néceffaire pour parer aux dangers de la perpétuité, & elle en fait difparoître tous les avantages.

Elle s'écarte du Droit-commun, qui veut, que tout fujet capable foit éligible, & que les Electeurs aient la liberté de donner leur fuffrage à tous ceux qui ont la capacité canonique.

Elle gêne les Chapitres en leur liant les mains fur le choix des fujets. Elle s'oppofe à ce qu'on conferve des Supérieurs dont les talens font éprouvés, dont le bien commun du corps exigeroit la continuation.

L'autre vacance remédie aux fuites de la perpétuité irrévocable, fans détruire ce qu'elle avoit d'utile. Ce que la perpétuité fait craindre dans des hommes, fur qui l'efprit de domination n'a malheureufement que trop d'empire, a un frein toujours préfent dans la dépofition légale qui s'opère à chaque triennal, dans l'impoffibilité de rentrer en place par d'autres voies que celle de l'élection rigoureufe, par le contre-poids d'une loi févère, qui montre fans ceffe aux Supérieurs le fort qui les menace, s'ils abufent du pouvoir qui leur eft confié. La perpétuité n'eft plus à redouter quand elle eft ainfi corrigée.

Les premiers Inftituteurs de l'Ordre Monaftique avoient préféré l'inamovibilité des Supérieurs, parceque le maintien de l'autorité eft le nerf de la difcipline dans les corps réguliers, de même que dans toute Société; parce que l'indépendance & le défaut de fubordination font les fruits presque inévitables d'une supériorité chancelante qui paroît & disparoît aussitôt, parce qu'il faut du tems & de l'expérience pour former les hommes dans l'art si difficile de gouverner.

La vacance ordinaire conserve ces avantages, en permettant de continuer par des élections qui se renouvellent, par des institutions successives, les Supérieurs dont l'administration est sage, prudente, éclairée, & en laissant à la Congrégation ou aux Députés qui la représentent, le soin & le droit d'en juger.

La vacance rigoureuse au contraire affoiblit l'autorité par les mutations continuelles qu'elle rend indispensables. Elle engourdit les talens, parce que le Supérieur, dont la déposition est assurée, laisse couler son triennal sans oser former aucun projet. Quelle expérience peut-on acquérir dans une administration momentanée ? Comment se former à la tête d'un gouvernement dont les rênes échappent avant même qu'on ait pû apprendre à les manier !

Pour peu qu'on réfléchisse sur la différence de ces deux régimes, il faut qu'on avoue que celui qui rend la vacance absolue est moins utile, qu'il est sujet à plus d'inconvéniens, que la raison & l'expérience se réunissent en faveur du régime où la vacance n'emporte pas l'exclusion, qu'il est par conséquent de l'intérêt public de restreindre l'un & d'étendre l'autre.

Dès-lors, bien loin de vouloir soumettre la Congrégation de S. Maur à la vacance exclusive, on devroit plutôt craindre que cette forme de régime n'y eût été introduite. On ne doit donc pas changer ses usages, si dans le fait elle jouit de la liberté de continuer les Supérieurs qui ont mérité cette distinction. Quand il seroit constant que dans l'origine elle eût suivi une pratique différente, il faudroit la maintenir dans sa possession actuelle, sur-tout si elle est ancienne. Il seroit encore plus naturel de ne pas la troubler dans son régime, s'il est fondé sur ses propres Constitutions. L'autorité des Bulles de 1621 & 1627 sesoit elle-même insuffisante pour la rappeller à un usage moins favorable & abrogé depuis long-tems ; du moins faudroit-il que les Bulles fussent si précises pour la vacance exclusive, qu'il fût impossible de les interpréter autrement. Enfin en supposant même que les Bulles fussent aussi claires, qu'elles le sont peu, si elles ont permis à la Congrégation de S. Maur de former ses Constitutions, & qu'elle n'ait usé de cette faculté que pour adopter le meilleur régime, la raison & l'équité voudroient encore qu'on la laissât libre de vivre sous la loi qu'elle a préférée.

Toutes ces conséquences sont nécessaires. Toutes sont décisives contre la prétention des Appellans. Combien leur entreprise n'est-elle donc pas étrange, s'il est prouvé que les vacances exclusives n'ont jamais eu lieu dans la Congrégation de S. Maur, & qu'elle n'y a été assujettie par aucune loi.

C'est à juste titre que les Appellans réclament la loi de triennalité des Supérieurs, comme une loi fondamentale de la Congrégation. Tous les titres qu'ils citent en démontrent invinciblement l'existence, elle n'est pas moins clairement prescrite dans les propres Constitutions contre lesquelles ils s'élèvent. Aussi ne trouvera-t-on pas un seul instant où la Congrégation en ait méconnu l'autorité.

Mais la triennalité n'est pas nécessairement exclusive, elle ne se présume pas telle ; il faut pour l'établir, ou un titre authentique, ou un usage qui ait force de loi.

L'usage de la Congrégation est certainement contraire à la triennalité exclusive. Les Appellans ne disconviendront point que, depuis 1645 au moins, les Constitutions qui la rejettent n'aient été ponctuellement observées, que tous les Chapitres généraux ne fournissent des preuves de la possession où s'est maintenue la Congrégation de continuer ses Supérieurs, dans la forme néanmoins & avec les réserves portées par les Constitutions. C'est cette possession qu'ils sont forcés d'attaquer pour inculper les élections du dernier Chapitre.

Remontera-t-on aux tems antérieurs ? Les Appellans n'adminiſtrent ni preuves ni préſomptions, dont on puiſſe conclure que la Congrégation en formant ſes ſtatuts, ait changé d'uſage ſur l'effet des vacances. Tout concourt au contraire à établir que jamais elle n'a obſervé la triennalité excluſive.

On n'en apperçoit aucun veſtige dans ſes premiers Chapitres. Les Supérieurs changeoient de Monaſtères ou d'Office ; mais ſans ceſſer d'exercer quelque ſupériorité. On ne voit point que leur adminiſtration ait été interrompue par des intervalles. Ce ſont toujours les mêmes noms qui rempliſſent les anciennes liſtes. Dom Anſelme Rolle & D. Adrien Langlois furent Supérieurs, ſans aucune interruption, depuis 1618 juſqu'en 1627. D. Martin Teſnier depuis 1618 juſqu'en 1628. D. Maur Tallin & Dom Colomban Regnier depuis 1618 juſqu'en 1636. Dom Maur Dupont depuis 1621 juſqu'en 1642. Dom Gérard Deſalleurs depuis 1622 juſqu'en 1636. La plûpart ont rempli les ſupériorités tant qu'ils ont vêcu ; les autres ne les ont quittées qu'à cauſe de leurs infirmités, ou pour ſe préparer à la mort par une plus profonde retraite.

On ne trouve pas plus de traces de la vacance excluſive dans les Mémoires qui furent rédigés en 1622 & 1623, par les premiers Peres de la Congrégation pour dreſſer le plan de ſon régime, ni dans les Conſultations qu'ils firent à ce ſujet. Ces pièces contiennent au contraire des vûes entierement oppoſées à la vacance excluſive.

On eſt en état de tirer la même induction des articles qui furent arrêtés entre les Supérieurs des deux Congrégations de S. Vanne & de S. Maur, pour parvenir à la réunion des deux Corps. Loin d'y découvrir le ſyſtême des vacances rigoureuſes, on y voit des articles qui ne pouvoient s'allier avec cette forme de régime. La Congrégation de S. Vanne propoſa, dans deux de ſes articles, que le Supérieur général établi pour cinq ans fût dépoſé ou *continué* par le Chapitre, & que les aſſiſtans & viſiteurs fuſſent perpétués dans leur charge, autant de tems qu'on le jugeroit convenable ;

ces deux conditions furent acceptées. D. Rolle en fit deux des articles qu'il communiqua en 1621 au Chapitre de la Congrégation de S. Vanne. Le troisième portoit que l'administration du Supérieur Général seroit fixée à cinq ans, que dans cet intervalle il visiteroit tous les Monastères, qu'à la fin du terme il convoqueroit le Chapitre général, & qu'il y abdiqueroit la supériorité, à moins qu'il ne fût remis en place par le suffrage des Electeurs (*a*). Le quatriéme réservoit la faculté indéfinie de continuer les assistans & les Provinciaux (ou Visiteurs) suivant que l'intérêt de la Congrégation paroîtroit l'exiger (*b*).

Le projet des Constitutions de la Congrégation de saint Maur fut redigé dès 1625; elles furent perfectionnées en 1630 & 1633. On y fit quelques changemens depuis; la Congrégation ne les publia qu'en 1645 ou 1648; mais il est incontestable d'une part que les corrections ne tomberent pas sur la loi des vacances; de l'autre, que le corps des statuts, que le plan général du régime s'exécutoit, long-tems avant l'impression des Constitutions.

On lit dans l'approbation que le Chapitre général de 1642 donna aux Constitutions, qu'indépendamment de l'autorité des précédens Chapitres, où elles avoient été reçues, elles se trouvoient confirmées par l'usage: *Constitutiones seu declarationes in regulam, & ea quæ pertinent ad regimen, in præcedentibus Capitulis approbata, confirmata* AC USU RECEPTA. Le Chapitre général de 1639 avoit déja rendu le même témoignage: *Constitutiones hactenus usu firmatæ.*

Si l'on remarque avant 1645 quelque variété dans la rédaction des statuts qui reglent l'éligibilité, ils sont les mêmes pour la substance dans tous les exemplaires qui furent examinés & approuvés par les Chapitres généraux; tous expriment le pouvoir de continuer les Supérieurs,

---

(*a*) *Quinquennio durabit, per quod omnia Monasteria visitabit..., Capitulum generale convocabit in quo præfecturam suam abdicabit, vel iterum si suffragia id ferant suscipiet.*

(*b*) *Assistentibus & Provincialibus prorogando officio tantum temporis, quantum Congregationis utilitas suaserit.*

Les derniers exemplaires s'expliquent ainsi : *discutient* (*definitores*) *quinam ex eligibilibus expleverint sexennium superioritatis in eodem Monasterio vel officio, ut amoveantur vel assumantur ad alia Monasteria vel officia, prout definitores expedire judicaverint.* Dans l'exemplaire de 1635 l'article étoit conçu en ces termes : *Prælati Monasteriorum, transacto in Prælaturâ triennio, ad sequens continuari poterunt... qui autem sex annis eidem Monasterio præfuit ad regimen illius non poterit assumi, nisi omnes definitores, aut, si ipse definitor sit, octo suffragentur.* Le seul changement que firent les Chapitres de 1636 & 1639, fut de n'exiger que le suffrage de huit ou pour le moins de sept Définiteurs : *Nisi ex novem octo, vel si ipse definitor sit, septem suffragentur.* L'exemplaire de 1633 n'étoit pas moins précis. *Priores secundo triennio, & non ultra possunt in eodem Monasterio continuari, licet possint in alio.*

Il est si constant que ces statuts s'observoient avant 1645, que leur exécution fut une des conditions dont convinrent les Congrégations de Cluni & de S. Maur dans le traité de leur incorporation mutuelle. Les Constitutions furent lues & examinées dans l'assemblée des Députés des deux Corps réunis à S. Denis ; on arrêta qu'on s'y conformeroit pour le régime commun. Elles furent en effet la règle du gouvernement pendant que l'union subsista. La triennalité n'y fut point exclusive. Les listes de 1636, 1639 & 1642 constatent que les mêmes Supérieurs furent continués. La Congrégation de Cluni a persévéré long-tems dans cet usage depuis la séparation ; il paroît que la vacance rigoureuse n'a été introduite parmi les réformés de cet ordre qu'au Chapitre général de 1663 (*a*).

On a donc eu raison d'avancer que la Congrégation de S. Maur n'a jamais connu les vacances rigoureuses. La seule possession où elle est de continuer les Supérieurs devroit le faire penser. On ne présume pas que les corps abandonnent leurs premieres loix ; il est naturel de re-

___
(*a*) *Superiores regiminis & Prælati locales, expleto sexennio administrationis suæ, vacabunt saltem per annum.*

garder comme nés avec eux leurs anciens ufages, ceux dont on ne découvre point l'origine. L'autorité des Conftitutions fortifie cette préfomption, déjà fi frappante, parce qu'elles confervent la tradition de ce qui s'obfervoit avant qu'elles fuffent rédigées. Plus la date des Conftitutions approche du berceau des Communautés, plus l'induction eft forte. La Congrégation de S. Maur joint à toutes ces preuves le témoignage des divers monumens qui remontent à fon premier âge.

Les nouveaux partifans de la triennalité exclufive oppofent les titres à la poffeffion. Ils concluent des loix qui dirigeoient la Congrégation naiffante, & de celles que dans la fuite elle a reçues des deux Puiffances, ou qu'elle a fuivi ou qu'elle a dû fuivre les vacances rigoureufes. Ils l'accufent d'innovation, & ils fondent ce reproche fur la contrariété qu'ils mettent entre les Conftitutions qu'elle a dreffées, & les titres de fon érection ou de fon approbation légale.

Mais la Congrégation de S. Maur auroit-elle ignoré les loix fous lefquelles elle vivoit, fes loix *fondamentales*; ou les auroit-elle volontairement enfreintes, perféveramment méprifées? Quelle apparence que les premiers PP. de la Congrégation; que dans la premiere ferveur de la réforme, un Corps entier de Religieux ait eu des Réglemens fans s'y conformer, qu'il fe foit écarté de fes loix *fondamentales*? Les Appellans, s'ils y euffent plus réfléchi, n'auroient-ils pas dû fe défier de l'interprétation qu'ils donnoient à ces loix, croire même qu'ils les expliquoient mal, puifque dans tous les tems la Congrégation les avoit autrement entendues & exécutées.

La Congrégation de S. Maur, fortie du fein de celle de S. Vanne, en a embraffé la réforme. C'eft le premier titre que les Appellans invoquent pour affujettir leur Congrégation au joug des vacances exclufives. Avant 1621 elle n'avoit pas d'autres Statuts, d'autres Loix que celles de S. Vanne; or, ajoutent les Appellans, les Statuts de cette Congrégation obligeoient de changer les Supérieurs

fous

tous les cinq ans. On a voulu donner atteinte à ce Réglement par un Bref revêtu de Lettres Patentes, enrégistrées le 19 Juin 1741 : mais le tout a été déclaré nul & abusif par Arrêt du Conseil du 14 Octobre 1744, rendu sur les poursuites de deux cent Religieux, qui réclamoient l'esprit de leurs anciennes Constitutions, essentiellement opposées à la perpétuité des Supérieurs, & même à la faculté de les continuer.

Trois réflexions renversent ce raisonnement plus spécieux que solide. 1° La Congrégation de S. Maur n'a jamais été aggrégée à celle de S. Vanne. 2° Elle n'a jamais été obligée de s'assujettir aux loix de son Régime. 3° La loi des vacances rigoureuses n'étoit pas même encore en vigueur dans la Congrégation de Lorraine, au moins pour les supériorités locales.

Il est inutile de rechercher quel a pû être le regime des Monastères François, où la réforme fut introduite par les soins de Dom Besnard, Prieur du Collége de Cluni, & de quelques Religieux de S. Vanne. La Congrégation de saint Maur n'ayant été établie qu'en 1618, tout ce qui précéde cette époque lui est étranger.

On a vu dans le récit des faits que lorsque les Religieux de S. Vanne eurent obtenu la permission d'étendre leur réforme en France, plusieurs Religieux du Royaume allerent à S. Vanne, y firent profession, & vinrent ensuite porter la réforme dans leurs anciens Monastères. Il se fit presque nécessairement une espéce d'aggrégation entre ces Monastères & la Congrégation de Lorraine ; mais ceux qui avoient appellé les Religieux de S. Vanne pour travailler à un si important ouvrage, n'avoient point eu l'intention de soumettre à une Communauté étrangère, les Abbayes de France qui embrasseroient la réforme. Le plus grand nombre des Religieux qui l'admirent refuserent l'incorporation, *ayant scrupule de s'associer à une Congrégation tenue pour étrangère* (b).

(a) Consultation du premier Juillet 1763. pag. 5.
(b) Lettres Patentes de 1618.

H

Les Magiſtrats regarderent l'introduction de cette Congrégation de Lorraine comme dangereuſe & contraire à nos maximes. L'autorité Royale en prévit les inconvéniens. Louis XIII voulut que les Monaſtères nouvellement réformés fiſſent un Corps particulier dans le ſein du Royaume. Les Religieux de S. Vanne renoncerent eux-mêmes à toute aggrégation dans leur Chapitre de 1618, & la premiere aſſemblée des Religieux François réformés ne fut occupée que des moyens de pourvoir à l'érection de la Congrégation de S. Maur.

Voilà donc deux Congrégations indépendantes & iſolées qui ne pouvoient avoir entr'elles d'autres liens que celui d'une aſſociation de charité : s'il étoit poſſible de douter que celle de S. Maur eût été dans ſon principe diſtincte & ſéparée de celle de Lorraine, le projet de leur réunion conçu dès 1621, & pourſuivi juſqu'en 1627, en fourniroit une preuve convaincante. Ce projet ſuppoſe que les deux Congrégations formoient des corps abſolument étrangers & indépendans.

On ne doit point être ſurpris que la Congrégation de S. Maur, quoiqu'érigée pour vivre ſous la réforme de ſaint Vanne, n'ait pas adopté toutes les loix de la Congrégation de Lorraine. Celle-ci formée ſur le modèle de la Congrégation du Mont-Caſſin, avoit eu dans ſon principe des uſages propres. La Congrégation de S. Maur n'eut auſſi dans ſon commencement aucun régime fixe. Elle ſuivit dans ſon gouvernement, dans la forme & la célébration de ſes aſſemblées, quelques-uns des uſages du Mont-Caſſin, d'autres de S. Vanne ; & ſans s'aſtreindre aux réglemens de l'une ou de l'autre de ces Congrégations, elle emprunta de chacun ce qu'elle jugea lui mieux convenir. Elle vouloit éprouver, faire, pour ainſi dire, l'eſſai de leurs ſtatuts, pour abandonner ou retenir ce que l'expérience lui apprendroit pouvoir contribuer ou former obſtacle à la perfection du régime que déjà elle méditoit.

De-là le peu d'uniformité qu'elle offre dans ſes premiers

Chapitres, & la différence sensible qu'on remarque entre son régime & celui de la Congrégation de Lorraine.

Les Chapitres généraux étoient annuels à S. Vanne. La Congrégation de S. Maur n'en assembla point en 1619 & 1629. Le nombre des définiteurs est fixé à sept dans les Chapitres de S. Vanne. Les Chapitres de S. Maur en eurent neuf (suivant la pratique du Mont-Cassin) en 1624, 1625 & 1627; les Chapitres de 1620 & 1626 en eurent huit; il n'y en eut que sept dans ceux de 1628 & 1630.

Les loix de S. Vanne ne permettent pas de choisir pour Définiteurs les Supérieurs du régime qui ne paroissent aux Chapitres que comme comptables. Cette règle n'a jamais eu lieu dans la Congrégation de S. Maur. Dom Tesnier, premier Supérieur Général, fut élu Définiteur dans plusieurs Chapitres consécutifs. D. Maur Tassin élu Visiteur en 1620, fut fait Définiteur dans le Chapitre de l'année suivante. D. Rolle fut nommé Visiteur en 1621, & Définiteur en 1622. Il seroit facile de citer d'autres exemples.

L'administration des Supérieurs-majeurs n'est qu'annuelle à S. Vanne. Elle n'a pas été ainsi limitée à saint Maur, elle paroît y avoir été de tout tems triennale. D. Tesnier fut Président du régime en 1618, 1619 & 1620, D. Dupont occupa la même place depuis 1627 jusqu'en 1630.

La Congrégation de S. Vanne n'a jamais eu que deux Visiteurs avec le Président qui a aussi la qualité de Visiteur. Celle de S. Maur n'en eut qu'un dans ses premières années. Elle en nomma deux en 1621, trois en 1628, & en 1636 elle en fixa le nombre à six.

Il résulte de ces faits que si la Congrégation de S. Maur se conforma à quelques loix de S. Vanne, ce ne fut point parce qu'elle s'y crut obligée. Elle ne le fit que par provision, & en se réservant le droit de s'en écarter lorsqu'elle y trouveroit des inconvéniens.

On se rappelle que dans la première assemblée tenue au Collège de Cluni en 1618, dans celle où fut arrêté le projet de l'érection de la Congrégation, on prit en même tems la résolution de pourvoir à l'établissement d'un bon régime. L'Assemblée n'avoit donc pas le dessein d'adopter les loix de S. Vanne. Elle pensoit donc à donner une autre forme à son gouvernement. Le décret ne resta pas dans les termes d'un simple projet. En 1621 la Congrégation chargea les Supérieurs de travailler aux Constitutions. Avec quel zèle les Commissaires ne s'y appliquerent-ils pas ? Ils dresserent différens mémoires, ils consulterent les personnes les plus éclairées. En 1625 l'ouvrage parut assez avancé pour en ordonner la communication à tous les Monastères. Tant de monumens laisseroient-ils ignorer quelles étoient les dispositions de la Congrégation ?

Quel témoignage encore que celui qu'on recueille des démarches si vives & si persévérantes que fit, avant 1630, la Congrégation de S. Vanne, pour réunir les deux réformes dans un seul corps de Congrégation ? On proposa de part & d'autre des articles de Régime ; ils furent changés ou modifiés pour parvenir à un Traité d'aggrégation ; enfin le projet échoua. Si les Religieux de S. Maur eussent été assujettis aux Loix de S. Vanne, l'aggrégation eût-elle souffert tant de difficultés ? Eût-il été besoin d'imaginer un nouveau système de Gouvernement ? Plusieurs des articles qui furent proposés ou arrêtés étoient autant de dérogations au Régime de S. Vanne. Elles étoient donc nécessaires pour se rapprocher des vues qui animoient les Religieux de S. Maur. Les obstacles qui suspendirent l'exécution du projet, & qui l'ont fait rompre à la fin, supposent également une diversité d'usages, de maximes, & de Régime dans les deux Congrégations.

Ajoutons que la vacance exclusive n'étoit point du premier Régime de S. Vanne. Aujourd'hui les Prieurs sont tenus de vaquer, c'est-à-dire, qu'ils deviennent inéligibles pour un tems, après qu'ils ont rempli leur administration pendant cinq années consécutives ; mais cette vacance rigoureuse n'a point été une Loi primitive & fondamentale de la Congrégation de S. Vanne. Il n'en est parlé ni dans la Bulle d'érection du Pape Clément VIII, ni dans celle de confirmation de Paul V. Elle a toujours été inconnue dans la Congrégation du Mont-Cassin où celle de S. Vanne a pris le plan de sa réforme. Ce n'est que quelques années après l'établissement de la Congrégation que cet usage fut introduit. Il doit son origine au Cardinal de Lorraine.

Ce Cardinal ayant reçu de Paul V la commission de réformer les Monastères situés dans les Etats du Duc de Lorraine, en unit plusieurs, en 1606, à la Congrégation de S. Vanne ; il inséra dans ses Lettres d'aggrégation différens articles, & entr'autres celui qui concernoit la vacance exclusive. Ces articles furent ignorés pendant cinq ans, ils ne commencerent à être publiés qu'au Chapitre général tenu en 1611, & ils ne furent pas observés sur le champ. Plusieurs Religieux de S. Vanne prétendirent qu'ils n'étoient point émanés d'une autorité compétente. En 1621, on se plaignit de leur inexécution ; les plaintes furent portées à Rome, le Pape ordonna de s'y conformer ; mais le Bref ne rendit pas la paix. Les Décrets du Cardinal n'en furent pas plus exactement suivis.

Le Chapitre de 1626 fit un Décret pour autoriser les Définiteurs à continuer pendant dix ans les Supérieurs locaux ; ce Décret fut révoqué dans le Chapitre de l'année suivante. Ce dernier Chapitre déposa différens Prieurs, dont les cinq ans étoient expirés, il renouvella le Décret du Cardinal de Lorraine, en y apposant néanmoins cette modification, qu'il seroit permis, sur l'avis des deux tiers des Capitulans, de proroger les Supériorités locales pendant une ou deux années seulement. (a) (Il faut observer que le premier de ces deux Chapitres fut tenu dans le fort des

(a) Standum quinquennio Superiorum, quo expleto, per triennium vacare debent, nisi evidens urgeat necessitas, judicio duarum partium totius Capituli tam Superiorum videlicet quam Conventualium approbanda ; quo casu poterunt per unum vel alterum annum tantùm continuari.

négociations pour la réunion de S. Vanne à S. Maur, & que le projet étoit rompu en 1627.)

Le Décret du Chapitre de 1627 fit des mécontens, & augmenta la division; le Chapitre de 1628 fut obligé d'en suspendre l'exécution. Il continua des Prieurs qui avoient rempli leur tems. Ce remede palliatif aigrit le mal au lieu d'assoupir les troubles. Dans plusieurs Monasteres les Religieux refuserent de reconnoître les Supérieurs. On eut encore recours à Rome ; il n'y eut point de Chapitre en 1629 & 1630. Les esprits commencerent à se calmer en 1631; le Chapitre de cette année exhorta tous les membres de la Congrégation à oublier le passé. (a) Il y eut néanmoins quelques restes de contestations dans les années suivantes, & la Loi de la quinquiennalité exclusive ne fut solidement établie qu'au Chapitre général de l'année 1640.

Les conséquences qui naissent de ce détail historique détruisent d'avance les inductions que les Appellans tirent des Lettres-Patentes de Louis XIII. Les Faronites dont ils sont les échos avoient déja fait valoir leur autorité.

Mais comment alléguer en preuve de la vacance exclusive les Lettres-Patentes de 1610, pendant que la Congrégation de S. Vanne en ignoroit encore l'usage ? Les articles du Cardinal de Lorraine ne parurent que dans le Chapitre de 1611. Louis XIII pouvoit-il autoriser un usage qui n'existoit pas ? Ces Lettres-Patentes d'ailleurs ne se referent qu'à l'Institut, au fond de la réforme. Ce fut l'*Institution de la réforme* que Louis XIII approuva, parce qu'elle lui parut *bonne, conforme à la Regle & à la Discipline ancienne de S. Benoît, qui s'observoit jadis ès Abbayes fondées en son Royaume*. Ce langage ne pouvoit pas s'appliquer au Régime de S. Vanne.

Au premier coup d'œil les Lettres-Patentes de 1618 présentent une disposition plus étendue ; elles ont permis à tous les Abbés, Prieurs, Religieux & autres, de s'aggréger à la nouvelle Congrégation réformée des Bénédictins

(a) Hortamur omnes ut præcedentium annorum difficultatibus auctore Deo sopitis illarum memoriam piâ oblivione deleant.

François, & d'y vivre *sous les mêmes Loix, Réglemens & Statuts de S. Vanne de Verdun*. En 1647 on répondit aux Faronites, qui infiftoient fur la force de ces expreffions, que les Lettres-Patentes n'avoient point ordonné, mais accordé feulement la liberté de vivre fous les Loix de Saint Vanne ; qu'en tout cas Louis XIII avoit lui-même dérogé à ces Lettres-Patentes par celles qu'il accorda en 1631 fur la Bulle d'Urbain VIII.

Ces réponfes feroient fuffifantes ; elles ne font cependant ni les feules, ni les plus décifives.

1°. Les Lettres-Patentes de 1610 & 1618 n'ont été enregiftrées dans aucun Parlement.

2°. Quand on fuppoferoit que les Religieux de S. Maur euffent été affujettis aux Loix du Régime de S. Vanne, il feroit indifpenfable de reftraindre le vœu des Lettres Patentes aux Loix primitives, aux Loix exiftantes, aux Loix unanimement reçues & pratiquées dans la Congrégation de Lorraine. Louis XIII en effet auroit-il voulu donner force de Loi à des Statuts de date récente, & conteftés dans la Congrégation de S. Vanne ? Or le Décret qui prefcrit la vacance étoit nouveau, contredit, & n'avoit pas même d'exécution en 1618.

3°. Il ne faut pas confondre les Loix d'une réforme avec celles de fon Régime, l'Inftitut d'une Congrégation régulière, & la police qui s'y obferve. L'Inftitut eft la regle qu'on promet de fuivre ; c'eft la Loi effentielle d'un Corps Monaftique : les Canoniftes l'appellent, *Propofitum vitæ, morum informatio*, parce qu'elle dirige la vie, les mœurs, les exercices du Religieux qui embraffe l'Inftitut ; c'eft la regle même prefcrite par l'Inftituteur, & s'il s'agit de réforme, c'eft la regle telle qu'elle eft expliquée par le Réformateur.

Les Loix d'un Inftitut font fort différentes de celles de fon Régime ou de fa police. Celles-ci peuvent être communes à plufieurs Congrégations, à des Monafteres, dont les uns feroient beaucoup plus réformés que les autres. Les Docteurs de la Faculté de Droit de l'Univerfité de Paris, remarquèrent cette différence dans leur confultation. La réforme ou l'Inftitut s'entend de la regle qui dirige les mœurs, & non des Loix qui fixent le Gouvernement. L'Inftitut dès Chartreux n'en feroit pas moins cenfé le plus auftere, quand fon Régime feroit celui d'une religion plus douce. (*a*)

Les Saints, qui les premiers ont inftitué la vie régulière, fe font plus attachés à preferire des règles de conduite, qu'à fixer un plan de régime. Avant l'érection des Congrégations Monaftiques, les Monaftéres de S. Benoît avoient tous la même loi fondamentale, c'eft-à-dire, la Règle de ce Saint Patriarche, & ils ne laiffoient pas d'avoir leurs ufages particuliers. Il eft des Monaftères qui ont été réformés plus d'une fois, fans recourir à de nouvelles Loix de Police, fans changer leur ancien régime.

Il eft donc poffible que Louis XIII n'ait eu d'autre deffein que d'introduire dans les Monaftères de fon Royaume la réforme de Lorraine, ou la manière dont la Règle de S. Benoît y étoit obfervée.

Cette vue, poffible en elle-même, devient plus que vraifemblable, quand on fait attention que ce feul objet devoit intéreffer le Souverain, que le bien de l'Etat n'en demandoit pas davantage ; que les Lettres-Patentes de 1618 furent accordées aux inftances de Dom Befnard, & que l'affemblée qui l'avoit chargé de les folliciter, comptoit fi peu fe foumettre au Gouvernement de S. Vanne qu'elle avoit formé le projet de dreffer un nouveau plan de régime pour la Congrégation de S. Maur.

Les Lettres-Patentes n'ont jamais eu d'autre fens, fi

_____
(*a*) Certum eft nomine reformationis, tam in jure quam in praxi, ea tantum intelligi quæ ad mores & arctioris difciplinæ rationem fpectant ; non verò quæ ad formam regiminis. Neque enim alio titulo Cartufianorum Inftitutum omnibus aliis arctius effe cenfetur........ Quam propter aufterioris vitæ rationem ; non autem ad differentiam regiminis, quod five idem effet cum aliis religionibus, five diverfum ab illis, non ideò minùs arctum cenferétur.

l'on en juge par la conduite des premiers Pères de la Congrégation ; & pouvoient-ils se méprendre sur l'objet, sur l'étendue d'une Loi faite par la Congrégation, qu'ils avoient eux-même demandée ?

Louis XIII. y explique assez clairement ses véritables intentions, en déclarant qu'aucune Règle n'avoit apporté plus de fruits à l'Eglise » que celle de S. Benoît, » pour la doctrine, la discipline, la correction des mœurs; » que cette discipline avoit été délaissée & négligée, &c. « C'est donc l'observation exacte de cette Règle, c'est la *sainte réformation* déja reçue dans les Abbayes de Saint Augustin de Limoges, & de S. Faron de Meaux, que ce Prince a voulu faire refleurir dans son Royaume. Or pour exécuter ce dessein, il n'étoit pas nécessaire d'adopter au moins en tout le régime de la Congrégation de S. Vanne.

Le but des Lettres Patentes a été de permettre l'établissement d'une Congrégation nouvelle, qui ne fût point soumise à une *Jurisdiction étrangère*, qui eût l'autorité de tenir ses Chapitres, d'élire ses Supérieurs, qui fût gouvernée par un chef François, qui se conformât aux *Loix, Usances, Ordonnances & anciens Statuts du Royaume*, qui réunît toutes les *marques de jurisdiction & autorité qui devoient y être, pour se dire formée & parfaite*, & que tous ceux qui s'y aggrégeroient fussent tenus *d'obéir à sa Jurisdiction pour la correction des mœurs & la discipline monastique*. Tous ces traits ne caractérisent-ils pas assez l'esprit qui a présidé à la redaction des Lettres Patentes ? La nouvelle Congrégation eût elle été dans une parfaite indépendance de la Congrégation de Lorraine, si on l'eût assujettie à suivre toutes les loix de son régime? Auroit-elle pu se conformer aux *Usances & anciens Statuts du Royaume*, sans se former un régime assorti aux maximes de l'Etat ? Auroit-elle joui de *toute l'autorité qu'elle devoit avoir*, si elle n'eût pas eu le pouvoir de régler elle-même sa police, & la forme de son gouvernement ?

En vain cherche-t-on à se prévaloir de ces expressions cumulées dans les Lettres Patentes de 1618, *les Loix, Ré-*

glemens & Statuts de S. Vanne, comme si elles devoient nécessairement s'entendre des Loix de Police & du régime de cette Congrégation. Ce ne sont que des termes généraux qui peuvent aussi bien s'appliquer à l'institut, aux Loix qui règlent les observances régulières, qu'aux Loix de Police & de gouvernement. Le mot *Statut* est employé dans le premier sens par le Pape Clément VIII, dans la Bulle d'érection de la Congrégation de Saint Vanne. (*a*) Il appelle ainsi un décret tiré du vingt-uniéme Chapitre des Déclarations du Mont Cassin sur la Règle de S. Benoît, où il n'est question que de l'âge requis pour les ordres & la supériorité ; décret par conséquent qui ne concerne point le régime.

Les Lettres Patentes de 1618 ne sont pas plus énergiques que le dixiéme décret du Chapitre de la Congrégation de S. Maur tenu en 1621 ; il ordonna de se conformer aux Déclarations sur la Règle, & aux Constitutions de la Congrégation de Lorraine, à l'exception des articles auxquels ce même Chapitre & les précédens avoient dérogé. *Omnes se conforment Declarationibus Regulæ & Constitutionibus Congregationis Lotharingiæ, exceptis iis quæ in hoc Capitulo, aliisque duobus præcedentibus, revocata vel immutata fuerunt.* Les Faronites tiroient avantage de ce décret ; ils prétendoient que le Chapitre de 1621 ayant ajouté les Constitutions aux Déclarations sur la Règle, la Congrégation de S. Maur s'étoit soumise au régime de celle de Lorraine.

L'argument n'étoit fondé que sur une équivoque. Le mot *Constitution* a été pris en des sens fort différens dans les Congrégations réformées. Quelquefois on a ainsi appellé les Déclarations ou expositions sur la Règle. C'est ce qu'il signifie dans plusieurs Bulles de Rome. C'est le sens qu'il a dans une ancienne édition des Déclarations du Mont Cassin imprimées à Paris sous ce titre en 1604. *Regula S.*

(*a*) Et quamvis quodam Statuto ejusdem Congregationis.... Quia nulli vel pauci sunt juxta dictum Statutum qualificari.

Patris Benedicti cum Declarationibus & Constitutionibus Congregationis Montis Cassini. On a donné le même nom à des décrets des Chapitres généraux qui ne régloient que l'Office Divin, les jeûnes & d'autres observances régulières. On a aussi désigné par les Constitutions les Réglemens dressés pour la direction du régime.

Ce n'est ni dans le premier ni dans le dernier sens que le Chapitre de 1621 a employé cette expression; il s'en est servi pour désigner des décrets qui n'avoient aucun rapport au gouvernement. Il donne le titre de Constitutions à des réglemens qui concernoient le jeûne: *Constitutio de solutione jejunii*, à la loi qui défendoit aux Religieux de voyager seuls: *Strictissimè conservetur Constitutio, ut nullus peregrinetur absque socio, vel saltem famulo.* Le dixième décret du Chapitre de 1621 excepte de la loi qu'il impose les articles des Constitutions de la Congrégation de Lorraine, que ce Chapitre avoit révoqués, ou qui avoient été changés dans les Chapitres précédens. Cette exception fixe le sens du décret. On ne trouve ni dans le Chapitre de 1621, ni dans les précédens, aucun Statut touchant le régime. Ils ne regardent tous que les Cérémonies du Service Divin, ou des observances régulières.

Pourquoi les *Statuts* dont parlent les Lettres Patentes de 1618, auroient-ils donc un sens plus affecté au régime que les *Constitutions* mentionnées dans le décret du Chapitre de 1621 ? Si les Constitutions exprimées dans le décret, sont restraintes à celles qui règlent la discipline monastique, toutes sortes de motifs ne doivent-ils pas faire réduire à la même signification, aux seules loix de la réforme, *les Réglemens & Statuts* énoncés dans les Lettres Patentes ? Quel étrange personnage que celui des Appellans ! Ils ne s'obstinent à donner, contre toute vraisemblance, un sens rigoureux aux termes des Lettres Patentes de 1618, que pour imputer à leur propre Corps une prévarication aussi ancienne que son existence, aussi constante que sa durée?

Mais si la Congrégation de S. Maur n'a point été asservie par ses premiers titres à la loi des Vacances exclusives, ne l'a-t-elle pas été du moins par les Bulles de 1621 & 1627 ? Les Appellans montrent la plus grande confiance dans la disposition de ces décrets.

De tous les raisonnemens qu'ils forment sur la Bulle de Grégoire XV, il n'en est cependant qu'un seul qui n'eût pas été proposé en 1647, & le silence des Faronites sur cette difficulté récente se tourne en preuve contre elle.

Les Faronites relevoient trois clauses de la Bulle d'érection ; celle où Grégoire XV érige la Congrégation de S. Maur sur le modèle du Mont Cassin ou de S. Vanne, pour être gouvernée par un Chef François, élu tous les ans, ou tous les deux ans, ou tous les trois ans ; celle qui réserve la Supériorité des Monastères à des Prieurs Claustraux, élus conformément aux Constitutions du Mont Cassin ou de S. Vanne ; celle enfin où le Pape dispense la nouvelle Congrégation de l'exécution d'un Réglement prescrit par les loix du Mont Cassin. Ce sont les mêmes articles dont on argumente aujourd'hui. Il ne faut donc que développer les réponses que la Congrégation opposa aux Faronites. La manière solide dont ils furent réfutés, n'a rien perdu de sa force par le laps d'un siécle.

Le premier texte fournit trois objections. Le Pape veut que le Vicaire Général ne préside qu'un an, ou qu'il soit au plus triennal. Il érige la Congrégation de S. Maur sur le plan de celle du Mont Cassin ou de S. Vanne ; il assigne pour modèle de son gouvernement celui qui s'observe dans ces deux Congrégations: *Congregationem Sancti Mauri Gallicanam Parisiensem nuncupandam, ad instar Congregationis Montis Cassinensis, sivè SS. Vitonis & Hydulphi, per unum Vicarium Generalem natione Gallum, seu ex loco temporali dominio dicti Ludovici Regis subjecto oriun-*

dum , à Capitulo generali ejufdem Congregationis ut infra erigendæ , fingulo quoque anno , vel biennio , aut triennio eligendum , regendam & gubernandam , Apoftolica autoritate tenore præfentium erigimus & inftituimus.

Quelle eſt la Loi qu'on cherche dans la Bulle d'érection ? On y veut trouver celle des vacances excluſives. Le Vicaire général ne doit, dit-on, être élu que pour trois ans au plus. Son adminiſtration ne peut donc pas avoir un plus long terme.

N'eſt-il pas évident qu'on va au-delà du texte pour attribuer à la Bulle une déciſion qu'elle ne renferme point ? Y a-t-il dans les expreſſions de Grégoire XV la moindre trace de vacance & de ceſſation de tout office ? Ce Pape ordonne que le Vicaire général fera élu dans le Chapitre, & que le Chapitre fera aſſemblé tous les ans, tous les deux ans, ou de trois ans en trois ans; il eſt clair par cette Ordonnance que le Vicaire général ne doit point avoir un titre perpétuel, que ſon inſtitution doit être bornée à un tems, & que la durée doit être fixée par l'intervalle d'un Chapitre à l'autre, afin que chaque Chapitre procede à l'élection d'un Supérieur général. Mais il n'eſt pas défendu au Chapitre de continuer le même Supérieur par une nouvelle élection. Le Pape ne détermine pas même la diſtance d'un Chapitre à l'autre, il laiſſe à la Congrégation de Saint Maur la liberté de la régler elle-même, pourvu qu'elle ne l'étende pas au-delà de trois ans. Pourquoi n'auroit-elle pas le pouvoir d'élire de nouveau ſon Vicaire général, puiſqu'elle a celui d'en rendre l'adminiſtration annale ou triennale.

Si Grégoire XV avoit voulu ſoumettre le Vicaire général à la vacance excluſive, il ſe feroit exprimé autrement. Il auroit preſcrit à la durée de ce premier emploi un tems au-delà duquel il n'eût pas été permis d'élever le même ſujet à cette dignité. La Bulle ſe contente de décider que le Supérieur général fera élu à chaque Chapitre, elle ne prononce point d'excluſion contre celui qui auroit été élu dans la précédente aſſemblée. Elle ne déclare point qu'on doit à chaque Chapitre choisir un nouveau sujet. Les Constitutions n'ont donc donné aucune atteinte à la Bulle, en permettant de continuer le Supérieur général ; elles n'ont fait que se fixer au Droit commun sur un objet qui n'avoit été ni prévu, ni réglé par la Bulle d'érection.

La Congrégation de S. Maur a été créée à l'*instar* de celles du Mont-Cassin ou de S. Vanne ; on en conclud qu'elle est obligée de se conformer à toutes les Loix de ces deux Congrégations. La conséquence est manifestement outrée.

L'expression *ad instar* ne signifie, ni dans l'usage ordinaire, ni dans le langage des Loix, une conformité entiere, une identité parfaite ; mais de simples rapports de ressemblance : *Nihil aliud sonat quam proportionem tantum & analogiam* (a). Les Congrégations de Portugal, de Valladolid & de Chezal-Benoît, ont été érigées sur le modele de celle du Mont-Cassin, & elles ont eu chacune leurs usages particuliers. Celle de S. Vanne elle-même ne s'est pas cru astrainte à suivre toutes les Loix du Mont-Cassin ; dès sa naissance elle en a abandonné la police sur différens chefs. Les deux cent Religieux qui reclamerent en 1742 pour les vacances exclusives, convinrent, dans un Mémoire imprimé, que leur Congrégation n'avoit point été *obligée de suivre en tout les Regles & la forme de la Congrégation du Mont-Cassin.* (b)

On ajoute que la Congrégation de S. Maur n'a pas seulement été érigée sur le modele de celles du Mont-Cassin ou de S. Vanne ; que le Pape a plus exigé qu'une simple conformité d'Institut, puisqu'il n'a pas laissé à cette Congrégation la liberté de choisir un Régime différent de celui des Congrégations qu'il lui donnoit pour modele, *ad instar regendam & gubernandam.*

Quand le sens naturel de la Bulle ne seroit pas contraire à cette interprétation, la difficulté n'en seroit pas plus effrayante.

(a) Consultation des Docteurs de la Faculté de Théologie de Paris.
(b) Mémoire imprimé en 1742, chez André Knapen, page 68.

1°. La vacance exclusive n'a jamais eu lieu pour les Supériorités locales dans la Congrégation du Mont-Cassin. Elle fut érigée en 1421, & elle permit dans son Chapitre de 1434, de continuer les Prieurs. Celui de 1435 régla qu'ils seroient changés après cinq ans, à moins qu'une évidente utilité n'obligeât de les conserver : *Ordinamus quod quando aliquis Prior in eodem Monasterio fuit quinquies confirmatus, omninò MUTETUR, nisi ex evidenti utilitate, de consensu duarum partium definitorum, fuerit denuò confirmatus.* Ce Décret n'ordonne pas de déposer les Prieurs, mais de les changer : *Omninò mutetur.* On les plaçoit donc Supérieurs dans d'autres Monasteres après l'expiration des cinq années.

Ce fait fut avoué par les Religieux de S. Vanne, Appellans comme d'abus du Bref de 1741. En parlant du Décret qui a introduit chez eux la vacance exclusive, ils reconnurent qu'il ne s'accordoit pas avec les Constitutions de la Congrégation du Mont-Cassin. Suivant " ces Consti-
" tutions, les Supérieurs des Maisons ne peuvent à la vé-
" rité être Supérieurs dans la même Maison que pendant
" cinq ou six ans au plus ; mais on peut les établir, après ce
" tems, Supérieurs dans d'autres Maisons, & cela successi-
" vement, de façon qu'ils peuvent être Supérieurs pendant
" toute leur vie... La Congrégation de S. Vanne est érigée
" à *l'instar* de celle du Mont-Cassin, elle en suit les Cons-
" titutions, à l'exception des articles autorisés & confirmés
" par le Cardinal Charles de Lorraine, qui y dérogent &
" établissent une police différente sur certains points. (a)

La discipline du Mont-Cassin n'a pas été si constante à l'égard des Supériorités majeures. Dans son premier âge elle avoit toute la liberté de continuer les mêmes sujets. Martin V, dans la Bulle d'érection de cette réforme, rendit la Présidence annale, mais sans interdire la faculté d'élire le même Supérieur. En 1432, Eugene IV décida que le Président & les Visiteurs ne seroient institués que

(a) Ibid. pag. 8 & 54.

pour l'intervalle d'un Chapitre à l'autre, & que leurs Offices feroient vacans, à moins qu'il ne plût au Chapitre de les maintenir en place par une nouvelle Inftitution : *Et eorum inibi Officia ufque ad fequens tunc celebrandum hujufmodi Congregationis Capitulum duntaxat durent, NISI AD EA DENUÒ TUNC ASSUMANTUR.* Le Pape Alexandre VI confirma ce que fes Prédéceffeurs avoient établi. Aucune des Bulles qui avoient précédé le feizième fiecle, n'ayant prefcrit la vacance exclufive, les Chapitres généraux s'étoient confervés dans la poffeffion de continuer les Supérieurs du Régime, jufqu'au tems de Léon X. Ce Pape fut le premier qui dérogea à l'ancien ufage du Mont-Caffin. La vacance qu'il rendit rigoureufe pour les Supérieurs majeurs, a depuis été alternativement fupprimée & rétablie jufqu'en 1637, qu'elle a été irrévocablement fupprimée par le Pape Urbain VIII ; mais en 1621 la Congrégation du Mont-Caffin jouiffoit de fa premiere liberté, elle avoit été rétablie par une Bulle de Paul V ; Grégoire XV n'auroit donc point impofé à celle de S. Maur la néceffité de rendre les vacances exclufives, quand il l'auroit obligée d'adopter le Régime du Mont-Caffin. Cette Loi au contraire l'auroit difpenfée de s'affujettir à ces vacances, puifqu'en 1621 elles n'avoient pas lieu au Mont-Caffin. Il eft donc impoffible de blâmer la Congrégation de S. Maur, parce qu'elle a préféré l'ufage ancien du Mont-Caffin, ufage obfervé fans interruption pendant près d'un fiecle, & qui fe trouvoit même rétabli lorfqu'elle a été érigée.

2°. Objectera-t-on que la Congrégation Gallicane n'a pas été érigée fur le feul modele du Mont-Caffin, & que Grégoire XV l'a également établie fur le plan de celle de Lorraine. Mais la Congrégation de S. Maur n'étoit pas tenue de fe conformer aux ufages de S. Vanne, plutôt qu'à ceux du Mont-Caffin. Elle a été créée *ad inftar Congregationis Montis Caffinenfis, five SS. Vitonis & Hydulphi.* Elle avoit donc au moins le choix entre le Régime des deux Congrégations : elle n'auroit fait même que fuivre

les

les vues du Pape en s'attachant à celui du Mont-Caffin, parce que la Bulle paroît lui donner la préférence.

D'un autre côté, les vacances exclufives n'avoient pas été prefcrites à la Congrégation de S.Vanne par fes titres primordiaux, elles y avoient été introduites par un Décret poftérieur à fon érection, Décret qui n'étoit encore ni exécuté ni authentiquement reçu; les Supérieurs majeurs de S.Vanne étant en même tems Supérieurs de Maifons particulieres, il étoit difficile qu'ils occupaffent long-tems les Dignités du Régime ; cet inconvénient n'étoit pas à craindre dans la Congrégation de S. Maur, où les premiers Supérieurs ne peuvent être Prieurs des Monafteres. La Congrégation de S. Maur n'eût donc point encore été obligée d'adopter les vacances rigoureufes, en prenant pour regle les Loix conftitutives de S.Vanne ? Le Décret du Cardinal de Lorraine, & les motifs qui l'ont fait prévaloir, lui étant étrangers, n'euffent point été des Loix pour elle.

L'objection fuppofe que les Statuts des deux Congrégations pouvant concourir, celle de S. Maur devoit les embraffer tous. Sans cela il y auroit contradiction dans la Bulle, le Pape auroit exigé l'impoffible. Or les ufages des deux Congrégations étoient incompatibles. Celles de Saint Vanne, quoiqu'érigée à *l'inftar* du Mont-Caffin, ne s'étoit point crue obligée *d'en fuivre la forme & toutes les regles.* Elle avoit agi conféquemment à fon idée, elle s'étoit écartée fur plufieurs articles de la police du Mont-Caffin. Les différences de leurs pratiques furent oppofées aux Faronites ; on en a vu le détail dans l'extrait du Mémoire imprimé en 1647, pour la défenfe de la Congrégation. Dom Martene rapporte dans fon Hiftoire manufcrite, que les Députés des Faronites ayant foutenu en préfence des Cardinaux Préfidens de la Congrégation des Réguliers, que la Congrégation de S.Vanne, dans laquelle celle de S. Maur avoit pris naiffance, n'avoit jamais eu d'autre Régime que celui du Mont-Caffin, le Procureur Général de la Congrégation de S.Maur produifit les Conftitutions de S. Vanne, imprimées à Toul en 1626, & qu'il démontra non-seulement que les deux Régimes n'étoient pas entierement semblables, mais qu'il n'y avoit pas eu même d'uniformité dans celui du Mont-Cassin. Ainsi puisqu'il est certain que la Congrégation de S. Maur ne pouvoit pas réunir les loix des deux Congrégations, on chercheroit vainement dans la Bulle de son érection une disposition impérieuse qui lui eût ordonné de se conformer à tous les usages de la Congrégation de S. Vanne.

3o. La Bulle de 1621, loin d'astraindre la Congrégation qu'elle érigeoit, à toutes les loix du Mont Cassin ou de S. Vanne, a elle-même jetté les fondemens d'un régime qui lui fût propre. Dans ces deux Congrégations le gouvernement étoit confié au Président & aux Visiteurs ; l'administration des premiers Supérieurs étoit annale, ainsi que les Chapitres. Grégoire XV ne donne le gouvernement de la Congrégation de S. Maur qu'au seul Vicaire Général ; il autorise cette Congrégation à ne tenir ses Chapitres que tous les deux ans, ou de trois en trois ans, à rendre par conséquent triennale l'administration du Chef. Comment le Pape auroit-il assujetti cette Congrégation à suivre scrupuleusement tous les usages du Mont Cassin ou de S. Vanne, pendant qu'il lui prescrivoit un régime contraire ?

4o. C'est mal interpréter la Bulle que de faire tomber sur le régime de la Congrégation de S. Maur la conformité qu'elle entend établir entre elle, & celles qui lui sont proposées pour modèles. La Bulle l'érige *ad instar* de celle du Mont Cassin ou de S. Vanne. L'expression *ad instar* n'est relative qu'au terme *erigimus*; elle ne doit pas se rapprocher des mots *regendam & gubernandam*. Le Pape veut que la Congrégation de S. Maur soit érigée comme celles du Mont Cassin ou de S. Vanne, *ad instar erigimus*. Il veut qu'elle soit gouvernée par un Vicaire Général, *per Vicarium generalem regendam*. C'est le sens naturel & grammatical. Le Pape a eu si peu le dessein d'imposer à la Congrégation Gallicanne la nécessité de suivre littéralement le régime des deux Congrégations étrangères, que c'est dans ce texte même qu'il lui donne des loix particulières.

50. Quelles ont donc été les véritables intentions du Saint Siége, en érigeant la Congrégation de S. Maur *ad instar* du Mont Cassin, ou de S. Vanne? Elles ont été les mêmes que celles de Louis XIII dans les Lettres Patentes de 1610 & 1618. L'objet unique de ces loix a été d'établir une nouvelle Congrégation, qui formée comme celles du Mont Cassin ou de S. Vanne, fût une aggrégation de plusieurs Monastères réunis en un seul Corps, où l'Institut fût le même, où la Règle de S. Benoît fût observée avec la même exactitude, où tout ce qui constituoit substantiellement la réforme d'Italie & de Lorraine fût pratiquée, où les loix fondamentales fussent celles des deux autres Congrégations; si la Bulle d'érection réunit les deux Congrégations du Mont Cassin & de S. Vanne pour modèles de celle de S. Maur, ou plutôt si elle met l'alternative de l'une ou de l'autre, malgré la différence de leurs usages, c'est parce qu'elles ne devoient servir de modèle que dans ce qui leur étoit essentiellement commun.

Le vœu des Législateurs a été rempli. Les trois Congrégations ont la même Règle, la même manière de la pratiquer, le même genre de vie, les mêmes observances; elles ont les mêmes Officiers; leurs assemblées & leurs élections se font dans la même forme. N'en est-ce point assez pour y trouver une vraie analogie, pour dire qu'érigées sur le même plan, elles sont uniformes entr'elles. Qui pourroit imaginer que leur ressemblance dût aller jusqu'au dernier détail, qu'elle ne leur laissât pas seulement la liberté de choisir entre des usages tels que la Vacance simple ou la Vacance exclusive.

Le second texte de la Bulle porte que les Monastères de la Congrégation de S. Maur seront gouvernés par des Prieurs Claustraux, éligibles suivant les Rits & Coutumes du Mont Cassin ou de S. Vanne. *Sed illi (Monachi) à Prioribus Claustralibus, juxta reformationis seu Congregationis Cassinensis aut SS. Vitonis & Hydulphi hujusmodi*

K ij

ritus, Statuta & Conflitutiones, eligendis, regantur & gubernentur. On n'apperçoit rien dans ce texte qui ait trait à la Vacance. La nouvelle Congrégation reçoit la faculté d'élire les Supérieurs locaux. Le droit de les inftituer, n'emporte pas l'obligation de les deftituer après un temps limité. Voudroit-on induire la Vacance de ce que les Prieurs doivent être élus conformément aux Statuts du Mont Caffin ou de S. Vanne ? La conféquence ne feroit pas plus jufte, puifque la Vacance n'étoit point excluſive dans la Congrégation du Mont Caffin ; puifque la Bulle ne renvoye aux Conftitutions des deux Congrégations que pour le feul objet des élections, pour fixer la manière d'y procéder. Au Mont Caffin & à S. Vanne les élections fe faifoient par les Définiteurs dans les Chapitres généraux ; on fuit le même ufage dans la Congrégation de S. Maur, &. par conféquent on y exécute tout ce que la Bulle prefcrit.

Si Grégoire XV a ordonné de fe conformer aux Statuts du Mont Caffin ou de S. Vanne fur un article, ce n'eft pas une raifon pour prétendre que ce Pape ait voulu affujettir la Congrégation de S. Maur au Code entier de la police & du régime de ces Congrégations étrangères. On feroit plutôt en droit de conclure le contraire de cette difpofition particuliere ; il n'eût pas été befoin d'obliger la Congrégation Gallicanne d'inftituer les Supérieurs locaux par voie d'élection, & de fuivre dans les élections la forme ufitée au Mont Caffin ou à S. Vanne, fi cette Congrégation eût déja été aftrainte à obferver toutes leurs loix.

Qu'on life avec attention le texte entier de la Bulle, on fe convaincra que ce n'eft point une charge onéreufe que le Pape entend impofer aux Religieux de S. Maur, que c'eft une grace, un privilége qu'il leur accorde. Pourquoi la Bulle parle t'elle de l'élection des Supérieurs locaux ? C'eft pour laiffer la Congrégation maîtreffe du choix de fes Prieurs, pour l'exempter de toute Jurifdiction des Abbés Commandataires, pour rendre le régime de cette nouvelle réforme abfolument indépendant de leur autorité: *quòdque ipforum Monafteriorum Abbates titulares nihil commune nihilque agendum habeant, fed illi à Prioribus Clauftralibus!* L'objet de la conceffion eft donc tout-à-fait étranger à la Vacance. Le Pape ne limite pas même la durée de l'adminiftration des Prieurs. Il décide bien moins encore qu'ils feront tenus de vaquer après une, deux ou trois années de Supériorité. Le filence de la Bulle eft d'autant plus important que ç'eût été l'occafion naturelle de s'expliquer fur la ceffation des Offices, fi le Pape avoit eu l'intention d'introduire les Vacances exclufives dans la Congrégation de S. Maur.

Le troifiéme texte de la Bulle d'érection n'eft pas plus favorable aux partifans de la Vacance exclufive. Les Faronites en concluoient feulement que les Conftitutions du Mont Caffin obligeoient les Réligieux de S. Maur; les Appellans croyent y appercevoir une décifion précife pour la triennalité exclufive.

Grégoire XV difpenfe pour un temps de l'exécution d'un Statut du Mont Caffin, qui défendoit de préfenter aux Ordres, ou d'élever aux Supériorités les Religieux dont le mérite & la capacité n'auroient pas été connus par de longues épreuves. *Atque etiam Monachis Congregationis per præfentes erectæ, donec numerus Religioforum & Superiorum fufficienter auctus fuerit, in Priores, Novitiorum Magiftros, Præfidentes, feu Superiores eligere, & ad Ordines Sacros fufcipiendos, & AD TRIENNIUM TANTUM quofcumque Religiofos capacitatem & ætatem à facris Canonibus requifitas habentes, præfentare poffint; neque eam ætatem quæ per Conftitutiones & Declarationes dictæ Congregationis Montis Caffinenfis fuper 22 capite Regulæ S. Benedicti præfcripta reperitur; neque etiam quinque annorum fpatium, quo durante novi Profeffi fub Magiftris Novitiorum morari debent, expectare teneantur; fed ad TRIENNIUM TANTUM, & dummodo eligendi trigefimum faltem eorum ætatis annum expleverint, concedimus & indulgemus.*

Qui auroit penfé qu'un texte auffi clair pût faire la

matière d'une contestation sérieuse ? A sa première lecture on en saisit le sens. Le Pape accorde deux dispenses à la nouvelle Congrégation qu'il érige, l'une pour les Religieux qu'il faudroit promouvoir aux Ordres ; l'autre pour ceux qu'on voudroit élire aux Supériorités. Les premiers ne pouvoient, suivant les loix du Mont Cassin, être envoyés à l'Ordination qu'après un séminaire de plusieurs années ; les autres n'étoient éligibles qu'à un certain âge & après plusieurs années de profession. La Congrégation de S. Maur n'avoit point assez de sujets pour se conformer à ces Réglemens, quelque sages qu'ils lui parussent. Ce fut le motif qui la détermina à demander les deux dispenses, & qui engagea le Pape à les accorder. *Donec numerus Religiosorum & Superiorum sufficienter auctus fuerit.* Grégoire XV permit d'envoyer les nouveaux Profès aux Ordres, sans attendre qu'ils eussent rempli les années d'épreuves, pourvu qu'ils eussent d'ailleurs l'âge & les capacités requises par les SS. Canons ; mais il limita le temps de la dispense à trois années, *ad Ordines Sacros suscipiendos & ad* TRIENNIUM TANTUM, *quoscumque Religiosos capacitatem & ætatem à sacris Canonibus requisitas habentes, præsentare possint... concedimus & indulgemus.* Le Pape permit encore, mais pour trois ans seulement, d'élire aux Supériorités les Religieux qui n'auroient point acquis l'âge fixé par les Constitutions, ou le nombre des années de profession ; sous la condition cependant qu'ils auroient au moins trente ans accomplis, *in Superiores eligere...... neque eam ætatem quæ per Constitutiones præscripta reperitur... sed* AD TRIENNIUM TANTUM, *& dummodo eligendi trigesimum saltem ætatis annum expleverint, concedimus & indulgemus.*

Les Appellans, à qui cette interprétation simple & naturelle enlève tout l'avantage qu'ils ont intérêt de tirer du texte de la Bulle, soutiennent que la clause restrictive *ad triennium tantum* ne tombe pas sur les dispenses ; mais sur les supériorités, qu'elle ne fixe que la durée des emplois & non celle des dispenses. *Ad triennium tantum eligere possint, concedimus*

On pourroit leur laisser la vaine satisfaction de se complaire dans cette explication forcée. Leur fyſtême n'en feroit pas plus ſolide. Quand on leur accorderoit que le texte de la Bulle fût fuſceptible du ſens qu'ils lui donnent, ils n'en feroient pas plus avancés, ſi la clauſe en elle-même n'exprime que la triennalité, ſans la rendre rigoureuſe & excluſive. Ce n'eſt point aſſez que la Congrégation ſoit obligée de n'inſtituer ſes Supérieurs que pour trois ans, c'eſt ſon ancien uſage; elle ne s'en écarte point, il faut que la faculté de les continuer lui ſoit interdite.

Le raiſonnement que les Appellans fondent ſur le texte de la Bulle dépend donc de deux ſuppoſitions. L'une que la clauſe *ad triennium tantum* ne s'applique qu'aux ſupériorités; l'autre, qu'elle rend inéligibles les Supérieurs inſtitués par le dernier Chapitre. Que l'une ou l'autre de ces ſuppoſitions ſoit détruite, l'argument s'évanouit. Or il eſt facile de démontrer que toutes les deux ſont également hazardées.

On peut n'être placé que pour trois ans dans un office, ſans être inhabile à y être rétabli pour un ſecond ou pluſieurs triennaux ſucceſſifs. Les Electeurs à qui on défend d'inſtituer pour plus de trois ans, ne perdent pas la faculté de réitérer le même titre. La vacance n'eſt donc point excluſive tant que la loi ſe borne à limiter la durée de l'inſtitution. Il eſt exactement vrai que le Chapitre général de la Congrégation de S. Maur ne confère les grades des ſupériorités que pour trois ans, *ad triennium tantum*, puiſque toutes vaquent de droit au Chapitre ſuivant. La Congrégation n'en a pas moins la liberté de nommer les mêmes ſujets aux ſupériorités dont ils étoient pourvûs, ou à des ſupériorités de la même eſpéce.

Les plus ſimples lumières de la raiſon font ſentir cette différence. Elles apprennent à diſcerner la loi qui ordonne de n'inſtituer que pour un triennal, *ad triennium tantum*, de celle qui défend de renouveller l'inſtitution. Le langage des Bulles eſt conforme à cette règle : Eugène IV voulant fixer la durée des premiers emplois de la Congrégation du Mont-Caſſin s'eſt ſervi d'une expreſſion exclufive dans fa Bulle du 25 Octobre 1432, *quorum officia ufque ad fequens anno proximè futuro tunc celebrandum hujufmodi Capitulum DUMTAXAT DURENT*. Dire qu'un Supérieur ne fera établi que pour trois ans, ou que fon inftitution ne fubfiftera que pendant l'intervalle d'un Chapitre à l'autre, ces expreffions font fynonimes. Le terme *dumtaxat* a la même force que celui de la Bulle de Grégoire XV, *ad triennium tantum*. Cependant la Congrégaton du Mont-Caffin ne s'eft pas crue aftreinte aux vacances exclufives par la difpofition du refcrit d'Eugène IV. Ce Pape n'avoit pas eu lui-même intention de l'affujettir à ces vacances, Il renouvella la loi dans une feconde Bulle du 23 Novembre fuivant, il y employa les mêmes expreffions ; mais en déclarant expreffément que l'inftitution reftrainte des Supérieurs ne les rendoit point incapables d'une nouvelle inftitution dans le prochain Chapitre. *Et eorum inibi officia ufque ad fequens tunc celebrandum hujufmodi Congregationis Capitulum DUMTAXAT DURENT, NISI AD EA DENUO TUNC ASSUMANTUR.*

La claufe *ad triennium tantùm* ne prouveroit rien quand elle concerneroit les fupériorités. Combien n'eft-elle pas plus inutile aux partifans de la vacance exclufive, fi le fens de la Bulle ne fouffre pas qu'on l'entende de la triennalité des emplois ?

1°. Le fyftême des Appellans eft en contradiction avec lui-même. Ils veulent que la Congrégation de S. Maur ait été affujettie au régime de S. Vanne, foit par les Lettres Patentes de Louis XIII, foit par les deux précédens textes de la Bulle de Grégoire XV, & que parce que les vacances font exclufives dans la Congrégation de Lorraine, il foit défendu à celle de S. Maur de continuer fes Supérieurs ; mais à S. Vanne où les Chapitres fe tiennent chaque année, où les élections font annuelles ; il eft permis de proroger les Prieurs pendant cinq années confécutives, & ce n'eft qu'après ce délai que les Supérieurs locaux font obligés de vaquer pendant une ou deux années. La loi devroit donc être la même dans la Congrégation de S. Maur.

Que

Que la clause *ad triennium tantum* s'applique aux supériorités, les institutions des Prieurs seront triennales, toute prorogation sera interdite; la Congrégation se trouvera même privée de la liberté qui lui avoit été accordée de réiterer chaque année, ou tous les deux ans, ses Elections & ses Chapitres. Comment concilier l'autorité & l'exécution de loix si différentes?

2°. Suivant l'interprétation des Appellans, il faudroit trouver une loi dans le texte de la Bulle; selon l'autre interprétation, on ne doit y chercher qu'une dispense. Les loix s'établissent par des dispositions absolues, par des termes impératifs, *Mandamus, statuimus, ordinamus*. Dans le style de la Cour de Rome les dispenses s'expriment par des termes contraires, *concedimus, indulgemus*. Or le texte, dont il s'agit de fixer le sens, n'ordonne point, il ne renferme qu'une grace. Ce n'est donc point une loi que Grégoire XV établit; c'est une dispense ou l'exemption d'une loi qu'il accorde.

3°. Si le Pape avoit eu dessein de prescrire les vacances exclusives, il eût fait une loi générale, il auroit assujetti tous les Religieux de la Congrégation à la triennalité. Pourquoi ne parle-t-il donc que de ceux qui avoient besoin de dispense, de ceux qui n'avoient ni l'âge, ni les années de profession nécessaires pour être élevés aux supériorités? La triennalité exclusive n'auroit-elle donc eu lieu que pour les Supérieurs élus à la faveur de la dispense, sans obliger les Religieux qui eussent acquis toutes les capacités requises par les statuts du Mont-Cassin? La loi eût été indispensablement commune à tous, si la clause *ad triennium tantum* avoit été destinée à fixer la durée des emplois, à en prescrire la vacance après un triennal. On a donc raison de conclure que la vacance des supériorités n'a point été l'objet de la clause, de ce que le Pape n'a fait mention que des Religieux qui n'avoient point l'éligibilité exigée par les Constitutions. Dans l'autre interprétation, cette difficulté disparoît. La clause étant purement relative

L

à la dispense, n'a dû s'appliquer qu'aux Religieux à qui la dispense étoit nécessaire.

4°. La clause est répétée deux fois dans le texte de la Bulle; elle se réfere aux Religieux qui sont dispensés pour être promus aux Ordres, comme à ceux qui sont dispensés pour être pourvus des supériorités. Tous sont également soumis à la triennalité : or la clause n'a aucun sens à l'égard des premiers, si elle ne signifie pas uniquement que la dispense n'aura lieu que pendant trois années.

Grégoire XV distingue deux espéces de Religieux qu'il veut favoriser ; l'une de ceux qui étant propres à remplir les supériorités n'avoient pas le tems de profession nécessaire pour les rendre éligibles. L'autre à qui le nombre suffisant des années de profession manquoit aussi pour recevoir l'ordination. La même dispense étoit donc nécessaire aux uns & aux autres, quoique pour une fin différente ; le Pape leur accorde cette dispense, n'exigeant des premiers que l'âge de 30 ans accomplis, & des autres que l'âge & les qualités requises par les canons pour être promû aux ordres. La dispense leur étant commune a donc dû être de même nature. La restriction *ad triennium*, employée deux fois, & appliquée aux deux classes de Religieux, a donc dû leur convenir également ; mais qu'on l'entende de la triennalité d'office, de la vacance des supériorités, il est impossible de l'appliquer aux nouveaux Profès, de l'adopter à leurs présentations aux ordres. La clause ne s'applique donc aussi qu'à la durée de la dispense par rapport aux Religieux dispensés pour les élections.

5°. On ne voit pas quel motif auroit pû porter le Pape à inférer la vacance des emplois, par une phrase incidente, dans une disposition où il n'étoit question que d'accorder une dispense. La disparité des matieres annonce assez que la clause *ad triennium* doit être rélative à l'objet principal, & que ce seroit lui faire violence, que de méconnoître son rapport naturel à la dispense, pour l'appliquer à un objet pleinement étranger.

Grégoire XV accorda la dispense sur la Requête des Religieux, & ils ne demanderent pas qu'on les aſſujettît à la loi des vacances exclufives qu'ils n'obſervoient pas. Ils demanderent la diſpenſe pour plus grande précaution, & parce qu'elle ſe trouvoit dans la Bulle d'érection de la Congrégation de S. Vanne ; mais la clauſe *ad triennium* n'étoit point dans cette (*a*) Bulle. Clément VIII avoit accordé la diſpenſe d'une maniere indéfinie. Grégoire XV crut devoir limiter la diſpenſe, ſans doute parce que la Congrégation de S. Maur ne lui parut pas dans la même diſette de ſujets que celle de S. Vanne ; elle avoit déjà ſept Monaſtères, & on ſe flattoit avec raiſon que dans peu le nombre feroit plus conſidérable.

Si Grégoire XV avoit eu le deſſein d'introduire les vacances excluſives, il eût expliqué clairement ſa volonté, il eût établi la loi dans les deux endroits de ſa Bulle où elle devoit être naturellement placée, où il étoit parlé de l'élection du Supérieur Général, & de celle des Prieurs des maiſons. On ne conçoit point qu'il eût réſervé à prononcer ſur un objet ſi important par une clauſe incidente, équivoque, ſuſceptible d'un autre ſens.

6º. La conſtruction grammaticale du texte ne ſe concilie pas mieux avec l'interprétation des Appellans. La clauſe limitative ne ſe rapporte point aux élections. Le Pape n'ordonne point d'élire les Supérieurs *ad triennium tantum*, il permet ſeulement pendant la durée d'un triennal, de ne point exécuter le ſtatut du Mont-Caſſin, *ad triennium tantum concedimus*. Le texte eſt obſcur, inintelligible même, en expliquant la clauſe de la triennalité des élections. Le ſens eſt clair & naturel, il ſe ſaiſit facilement dès qu'on unit la reſtriction à la diſpenſe.

7º. Enfin quelqu'intérêt qu'euſſent les Faronites à trouver la vacance excluſive dans la Bulle de Grégoire XV,

(*a*) Nihilominùs quia nulli vel pauci adhuc ſunt juxta dictum ſtatutum qualificati, & difficile eſt ut in futurum ſemper reperiantur ; Præſidenti futuro Congregationis per præſentes erectæ... ſuper hujuſmodi ſtatuto diſpenſandi quoties neceſſe erit, facultatem tribuimus & poteſtatem.

L ij

ils ne penferent pas même à la chercher dans la clauſe *ad triennium*, ils n'y voyoient que ce que la raiſon y découvre; ce que la traduction littérale préſente, c'eſt-à-dire, une limitation de la diſpenſe, la fixation de ſa durée, & s'ils ſe ſervoient du texte pour appuyer leurs prétentions, c'étoit uniquement parce que la diſpenſe en elle-même leur paroiſſoit une preuve, que la Congrégation de S. Maur avoit été aſſujettie à toutes les loix du Mont-Caſſin (*a*).

Seroit-on tenté de regarder ce témoignage des Faronites comme l'effet de l'ignorance ou de l'inattention?

Mais, blâmant comme ils le faiſoient les Conſtitutions de la Congrégation de S. Maur ſur différens articles, & ſinguliérement la faculté qu'elles accordent de continuer les Supérieurs, les Faronites ſe ſeroient-ils mépris ſur l'objet d'une clauſe avantageuſe dans un texte qu'ils oppoſoient à leurs Adverſaires? Le vrai ſens de la clauſe eût-il échappé aux Conſeils qu'ils avoient à Rome? La Congrégation des Réguliers eût elle tombé dans la même erreur? Où connoîtra-t-on le ſtyle des Bulles, la force des clauſes qu'elles renferment, ſi ce n'eſt à Rome & dans un de ſes Tribunaux?

Les Appellans font peu de cas du jugement porté contre les Faronites & du Bref d'Innocent X qui confirma le décret de la Congrégation des Réguliers. Il eſt vrai que les Tribunaux de Rome n'ont point d'autorité parmi nous,

―――――――――――
(*a*) Diſpenſationem conceſſit ſuper certis determinatis Conſtitutionibus Caſſinenſibus, quæ determinatum tempus & ætatem requirebant in iis qui ad ſuperioritatem & ſacros ordines promoveri debebant; & hanc *diſpenſationem limitavit ad triennium*, ob præſentem naſcentis Congregationis virorum capacium inopiam, & donec validior facta fuiſſet Congregatio ſancti Mauri : *ita ut tranſacto hujuſmodi triennio*, ceſſante hujuſmodi inopiâ, & Congregatione ſancti Mauri validiore factâ, Pontifex voluerit ut tam dictæ Conſtitutiones Caſſinenſes ſuper quibus diſpenſabat, *ad uſque certum & determinatum tempus*, quam cæteræ omnes, ſuper quarum obſervantia non diſpenſabat, exactiſſimè perpetuò obſervarentur. *Mémorial préſenté en 1647 à la Congrégation des Réguliers par D. Duchemin & D. Corbelin, conſorts de D. de Chalus.*

que les refcrits des Papes n'y ont eux-mêmes d'exécution qu'après avoir été examinés & revêtus de Lettres-Patentes dûment vérifiées. Ce n'est point aussi comme des actes d'autorité qu'on cite le Décret & le Bref; mais de quel poids ne font-ils pas en genre de témoignage sur l'intelligence d'une Bulle, sur l'interprétation de ses clauses, sur l'objet & l'étendue des conditions qu'elle a imposées à une Congrégation naissante, en l'érigeant?

Les Faronites avoient dénoncé au Pape les propres Constitutions de leurs Congrégations, & ils les avoient déférées comme attentatoires aux Bulles de son établissement, aux titres de son existence Canonique, à ses loix fondamentales. L'examen de leurs plaintes est renvoyé à la Congrégation des Réguliers. Ils y font écoutés; l'affaire est instruite contradictoirement; on discute avec la plus grande attention les prétendues contrariétés qu'ils trouvoient entre les Bulles & les Statuts. La Congrégation décide, le Pape confirme la décision, & il est jugé que les Faronites doivent se soumettre aux Constitutions, que le vœu d'obéissance les oblige à les exécuter. Ce jugement ne renferme-t-il pas une justification complette des Constitutions? Ne sera-t il pas aux yeux de toutes personnes équitables, sinon une preuve légale, du moins un témoignage non suspect que les accusations des Faronites étoient injustes, qu'ils expliquoient mal les Bulles de 1621 & 1627, que les articles des Statuts qu'ils critiquoient, qu'en particulier celui qui permet de continuer les Supérieurs, ne font contraires à aucune disposition des Bulles.

Cette réflexion prévient déja contre les inductions que les Appellans tirent de la Bulle d'Urbain VIII. Ils ne répétent en effet que ce que les Faronites avoient dit avant eux. Examen de la Bulle du Pape Urbain VIII.

Un grand nombre de Monastères s'empressant d'embrasser la réforme, la Congrégation de S. Maur se vit dans la nécessité de solliciter à Rome des dispenses plus étendues; elle n'étoit pas en état de fournir à tant de Maisons des Supérieurs qui eussent le temps de profession requis pour parvenir aux emplois. Elle supplia donc le Pape Urbain VIII de renouveller les dispenses que Grégoire XV ne lui avoit accordées que pour trois ans, de leur donner une durée plus étendue, & d'ajouter la dispense de l'article des Constitutions qui défendoit de proroger le même Supérieur au-delà d'un certain terme.

Urbain VIII eut égard à la supplique, & accorda tout ce qui lui étoit demandé. *Insuper eidem Congregationi S. Mauri, sive illius Capitulo generali, ut, attentâ penuriâ Monachorum reformatorum nascentis Congregationis, & quantitate locorum regularium ad quæ, pro introducendâ in illis reformatione, ipsi vocantur... Priores, Noviciorum Magistros ac alios quoscumque Superiores, etiamsi ipsi in dictâ Congregatione S. Mauri per tempus in illius Constitutionibus & litteris prædictis præfixum non remanserint, ad Superioritates, munera officiaque hujusmodi, dummodo aliàs ad id idonei reperti fuerint, canonicè eligere; & eos seu alios, sive etiam definitores & visitatores ad tempus, tam citra quam ultra terminum in dictæ Congregationis Constitutionibus, & illius erectionis litteris præfixum, si ad id cogat necessitas, & superiorum capacium penuriâ, quoad usque validior fiat dicta Congregatio S. Mauri, & pro bono illius, ad arbitrium Capituli generalis, in suis Superioritatibus, officiis & muneribus continuare, & Monachos ad sacros Ordines suscipiendos, non expectato tempore præfixo per easdem Constitutiones & erectionis litteras, dummodo etiam aliàs ætate, moribus & doctrinâ ad id sint idonei, ac servatis servandis, transmittere..... tenore præsentium concedimus & indulgemus.*

C'est de la nouvelle dispense accordée par cette Bulle que les partisans de la vacance exclusive s'autorisent. Le Pape Urbain VIII y permet de continuer les Supérieurs au-delà du terme de trois ans, fixé dans la Bulle d'érection de Grégoire XV; & ne le permet qu'avec ces quatre restrictions essentielles. Si la nécessité l'exige; *si ad id cogat necessitas*, s'il ne se trouve pas de sujets capables; & *Superiorum capacium penuria*; jusqu'à ce que la Congrégation soit plus nombreuse: *quoad usque va-*

lidior fiat Congregatio S. Mauri, & autant qu'elle y trouvera son plus grand avantage: *& pro bono illius*. La dispense n'ayant donc été donnée que sous des conditions, & les conditions ne subsistant plus, la dispense demeure sans effet; la loi qui n'étoit que suspendue reprend sa force. La Congrégation a un nombre plus que suffisant de Religieux propres aux Supériorités; la loi de la triennalité doit donc être inviolablement exécutée. (*a*)

1°. Avant que de répondre à cette objection, il est important de remarquer qu'Urbain VIII rappelle & confirme les deux dispenses portées dans la Bulle de 1621, sans faire mention de la clause, *ad triennium tantum*. On en sent la raison, si cette clause purement relative aux dispenses, ne faisoit qu'en restraindre l'usage au terme de trois années, puisqu'Urbain VIII révoque cette limitation, & rend la dispense indéfinie. Mais dans l'hypothèse, où la clause *ad triennium tantum* eût été destinée à limiter la durée des offices, on ne voit plus aucun motif qui ait pu faire retrancher cette clause. La Bulle d'Urbain VIII sert donc elle-même à en fixer le sens conformément à l'interprétation qu'on lui a donnée.

2°. Les Faronites formoient sur la Bulle d'Urbain VIII un raisonnement semblable à celui des Appellans; il est ainsi rapporté & réfuté dans le Mémoire que la Congrégation fit imprimer en 1647. " Et ne sert de dire " que le Pape Urbain VIII dispense en ce lieu, non- " seulement des choses portées par le Bref de Grégoire " XV son prédécesseur; mais encore dispense du temps " des Vacances portées par lesdites Constitutions pour la " Vacance des Définiteurs, Visiteurs & autres Supérieurs, " au terme préfix par lesdites Constitutions, qui est une " marque que le Pape entend parler suivant les Constitutions du Mont Cassin, attendu même que la Congrégation de S. Maur n'en avoit point de particulières. A cela on répond que la clause de la Bulle qui

_____
(*a*) Consultation du premier Juillet 1763, p. 4. & 5.

» parle en termes exprès des Conſtitutions de S. Maur
» eſt ſi claire qu'elle ne peut recevoir d'interprétation. (a)

Cette réponſe réſout pleinement la difficulté. Les Faronites concluoient de la diſpenſe des Vacances, que les Religieux étoient tenus de ſuivre les loix du Mont Caſſin, & de s'aſtraindre par conſéquent aux Vacances excluſives. Les Appellans concluent qu'avant la Bulle de 1627 la loi des Vacances excluſives avoit lieu dans la Congrégation de S. Maur, & que la loi a dû revivre avec l'expiration du temps de la diſpenſe. Les deux conſéquences tombent par la même obſervation. Il n'eſt plus vrai que la diſpenſe prouvât l'aſſujettiſſement des Religieux de S. Maur aux Statuts du Mont Caſſin, dès que la Bulle ne parle point de ces Statuts. Il ne l'eſt pas davantage que le Pape ait diſpenſé de la loi des Vacances excluſives, puiſque cette loi n'étoit pas preſcrite par les Conſtitutions de la Congrégation de S. Maur, & n'avoit jamais été obſervée.

Les Faronites inſiſtoient ; & pour prouver que la Bulle ne devoit pas s'entendre des Conſtitutions de la Congrégation de S. Maur, ils ſoutenoient que cette Congrégation n'en avoit point en 1627. » On leur répondit que
» bien qu'elle n'eût pas encore de Conſtitutions fixes &
» déterminées pour ſon gouvernement, mais ſeulement
» les Déclarations ſur la Règle, & quelques Conſtitu-
» tions ou décrets des Chapitres généraux ; le Pape
» néanmoins avoit dû parler de la ſorte.... Que quoi-
» que les Peres de la Congrégation n'euſſent point encore
» de Conſtitutions pour leur régime, ils avoient voulu,
» pour procéder avec plus de ſureté, faire inſérer la diſ-
» penſe, d'autant qu'ils étoient ſur le point d'en faire qui
» fuſſent fixes & déterminées, & que peut-être ils en fe-
» roient avec détermination du temps pour les Supério-
» rités, leſquelles ils ne pourroient garder ſi promte-
» ment, faute de perſonnes capables au commencement.
» Pour donc agir avec ſureté & liberté, ils firent mettre

(a) Page. 15.

» en ladite Bulle cette grace que le Pape leur accorda,
» tant pour les Constitutions qui étoient faites que pour
» celles qui étoient à faire, *jam condita & condenda, donec*
» *validior fiat*, &c. (a)

Les Appellans prétendent aussi que la Congrégation n'avoit point encore ses Constitutions; que les Docteurs consultés le supposèrent en 1635, & que celles dont parle Urbain VIII n'étoient apparemment *que les Constitutions que Grégoire XV avoit formées dans sa Bulle d'érection.* (b)

La Congrégation n'avoit point sans doute (en 1627) un Corps de Constitutions formé, reçu, exécuté; mais elle avoit déja travaillé au Code de son régime; le plan en étoit arrêté, on avoit rédigé le projet, on y avoit inféré les décrets des Chapitres généraux qui avoient déja leur exécution, & ce fut en partie pour être autorisée à publier ces Constitutions, après qu'elles auroient été perfectionnées, que la Congrégation eut recours à Rome, & obtint la Bulle d'Urbain VIII.

Il est donc facile de concilier les deux faits, contraires en apparence, que la Congrégation n'avoit point encore ses Constitutions, & que cependant le Pape en a pu parler dans sa Bulle.

Les Constitutions n'étant ni achevées ni publiées, n'éxistoient point comme loi. Les Docteurs de la Faculté de Théologie de Paris, qui ne les considérèrent, & qui ne durent les voir que sous ce point de vue, eurent raison de supposer qu'elles n'existoient point avant la Bulle d'Urbain VIII. Mais rien n'empêchoit la Congrégation de demander d'avance, & pour quelques années, la dispense d'une loi simplement projetée, qu'elle avoit à cœur de rendre incessamment authentique & obligatoire.

3°. Quand on eut accordé aux Faronites que la Congrégation de S. Maur n'avoit point encore de Constitutions qui lui fussent propres, qu'elle se servoit de celles du Mont Cassin, parce qu'elle les avoit provisoirement adop-

(a) Page 14 & 15.
(b) Consultation du premier Juillet 1763, p. 11.

M

rées, & que ce font ces Conſtitutions que le Pape Urbain VIII avoit en vue, ils n'euſſent pas été en état de tirer plus d'avantage du texte de la Bulle. Dans la Congrégation du Mont Caſſin, les Supérieurs locaux n'ont jamais été aſſujettis aux Vacances excluſives, & ſi elles ont été preſcrites aux Supérieurs du régime par quelques décrets de Rome, ils n'ont ſubſiſté que pendant de courts intervalles. Les Vacances rigoureuſes n'étoient même pas en uſage lorſqu'Urbain VIII donna ſa Bulle pour la Congrégation de S. Maur.

4°. C'eſt peut-être ce qui a déterminé les Appellans à confondre les Conſtitutions dont parle Urbain VIII, avec la Bulle de ſon Prédéceſſeur; mais cette idée eſt trop ſinguliere pour mériter qu'on s'y arrête. Urbain VIII accorde trois diſpenſes, & ſur chacune il rappelle expreſſément les Conſtitutions & la Bulle d'érection comme des loix diſtinctes. Deux de ces diſpenſes ne furent que renouvellées par Urbain VIII; & à leur égard les Conſtitutions dont il voulut bien ſuſpendre l'exécution, ne pouvoient être que celles dont Grégoire XV avoit lui-même diſpenſé.

Quel intérêt d'ailleurs les Appellans trouveroient-ils dans cette ſuppoſition imaginaire? Il ne leur ſeroit utile de retrancher les Conſtitutions qu'autant que la loi des vacances excluſives ſeroit clairement établie par la Bulle d'érection, & on a démontré le contraire par des preuves convainquantes.

5°. De quelques Conſtitutions que le Pape Urbain VIII ait voulu parler, il n'y a dans le texte de ſa Bulle aucune diſpoſition qui preſcrive la Vacance excluſive. Le Pape diſtingue trois ſortes de Religieux. 1°. Ceux qui ſont propres à remplir les Supériorités, mais qui n'ont ni l'âge ni le temps de Profeſſion néceſſaires pour être éligibles. 2°. Ceux qui ont la capacité de l'éligibilité. 3°. Les nouveaux Profès qui devoient avoir paſſé cinq ans, ſous les Maîtres des Novices, avant que d'être préſentés à l'Ordination. Urbain VIII diſpenſe ces derniers du temps qu'ils devoient paſſer dans le Noviciat, & permet de les faire ordonner. Il diſpenſe les premiers du tems de Profeſſion requis pour être promu aux Supériorités, & même de l'âge de trente ans accomplis, que Grégoire XV avoit exigé, & il permet de les élire; il conſent enfin qu'on continue au-delà du temps preſcrit, tant les Supérieurs qui auroient été placés, ſans avoir préalablement acquis l'éligibilité, que ceux qui auroient été élus ſans avoir beſoin de la diſpenſe.

La derniere permiſſion ne limite pas le temps des ſupériorités; elle ſuppoſe ſeulement que leur durée a des bornes. La Bulle n'explique pas même quel eſt le terme fixé au-delà duquel elles ne peuvent être étendues ſans diſpenſe. Or ſuppoſer qu'une Loi exiſte, ce n'eſt pas la former. Il ſeroit trop abſurde de prétendre qu'Urbain VIII eût établi une Loi dont il n'a fait que diſpenſer. Il eſt donc de toute évidence que la Loi des vacances excluſives n'a pu tirer ſon origine de la Bulle de 1627.

Dira-t on qu'il ne ſeroit pas moins abſurde de ſuppoſer que le Pape eût diſpenſé d'une Loi qui n'exiſtoit pas; que par conſéquent, avant 1627, il étoit défendu de proroger les Supérieurs. Oui, ſans doute; mais pour ſoutenir qu'Urbain VIII a diſpenſé pour un tems de la triennalité excluſive, il faudroit prouver qu'il exiſtoit une Loi qui eût preſcrit cette triennalité. Or il eſt impoſſible d'en citer aucune. Le triomphe que les Appellans s'érigent ſur le texte de la Bulle d'Urbain VIII, ſe réduit donc à la ſuppoſition d'une Loi dont rien ne prouve l'exiſtence.

Quelle eſt donc, demandera-t on, la Loi dont Urbain VIII ſuſpend l'exécution ? Comment a-t-il pû permettre de continuer des Supérieurs qui n'euſſent pas été obligés de vacquer ?

On a déja obſervé qu'il y a différentes manieres d'obſerver la vacance. Les Supériorités n'ont jamais été perpétuelles dans la Congrégation de S. Maur, la triennalité eſt une de ſes Loix fondamentales. Mais de ce qu'un Supérieur n'eſt inſtitué que pour trois ans, de ce que ſon titre ceſſe avec l'expiration du triennal, il ne s'enſuit pas que la vacance ſoit excluſive, que le même ſujet ne puiſſe être continué, qu'il soit même inéligible pour toute autre Supériorité pendant un triennal. C'est cette vacance qui se pratique à S. Vanne. C'est celle que les Appellans voudroient introduire dans la Congrégation de S. Maur.

Les vacances peuvent être plus ou moins rigoureuses. Les Supériorités vaquent dans toutes les Congrégations où elles se confèrent par élection, parce que le Chapitre, maître de ses élections, a toujours droit de choisir d'autres Supérieurs. Mais le Chapitre peut avoir une liberté indéfinie de continuer les mêmes sujets; il peut aussi n'avoir cette faculté que pour un ou deux triennaux. Il peut avoir le droit de les élire pour d'autres Charges, sans avoir celui de les perpétuer dans les mêmes Offices. Il peut enfin être astraint à ne placer les mêmes Religieux, soit dans les places qu'ils occupoient, soit dans les Supériorités différentes, qu'après un repos ou une vacance de tout emploi pendant quelques années.

Cette derniere vacance est proprement la vacance exclusive, parce qu'elle rend inéligible, pour un tems, le Supérieur dont l'administration finit. Celle qui n'exclud que de la même Supériorité, ou qui laisse la liberté de proroger le Supérieur pendant un second triennal, est moins rigoureuse; mais elle est exclusive à quelques égards; la premiere est la seule qui n'opere aucune exclusion, qui ne gêne point la liberté des Electeurs.

La Bulle d'Urbain VIII suppose à la vérité que la vacance simple n'est pas celle qui avoit lieu dans la Congrégation de S. Maur, elle permet, à cause des circonstances & pour un tems, de continuer les Supérieurs. Il y avoit donc une Loi qui le défendoit, puisqu'il a fallu une dispense pour être déchargé de l'obligation de la suivre; mais dans les autres vacances il y a une interdiction plus ou moins rigoureuse de proroger les Supérieurs, & la dispense accordée par la Bulle peut s'adapter à toutes. Le Pape se contentant d'autoriser la continuation des Supérieurs, sans s'expliquer davantage, on ignore quel est l'objet de la dispense, quelle étoit l'étendue de la Loi qu'elle suspend.

On peut donc demander aux Appellans, de quel droit ils appliquent la dispense à la loi la plus rigoureuse? La Congrégation de S. Maur étant en possession de ne point admettre cette vacance, ayant dans ses Constitutions un titre qui la rejette, il faudroit qu'ils prouvassent démonstrativement que la vacance exclusive formoit la Loi de la Congrégation, avant qu'elle obtînt la dispense portée par la Bulle d'Urbain VIII. Il suffit donc que cette preuve soit impossible, pour que leurs plaintes ne méritent point d'être écoutées.

Allons plus loin : si la Bulle ne fixe pas précisément la nature de la vacance, elle est assez déterminée par la manière dont le Pape s'exprime.

Comparons les Bulles de Grégoire XV & d'Urbain VIII, avec celles que les Papes ont données pour établir ou supprimer la vacance exclusive. Que leur langage est différent !

Léon X fut le premier qui soumit à cette vacance les Supérieurs majeurs de la Congrégation du Mont-Cassin. Il ordonna par sa Bulle du 10 Février 1515 (*Statuimus & ordinamus*) que le Président ne pourroit être rétabli dans sa Dignité qu'après un intervalle de quatre ans, & qu'il ne pourroit même être élu Visiteur, qu'après une vacance de deux années. (a) Il défendit de choisir pour Définiteurs ceux qui auroient rempli cette charge dans deux Chapitres consécutifs, à moins qu'ils n'eussent été deux ans sans y être nommés. (b)

(a) Statuimus & ordinamus quod de cætero in perpetuum........ Præsidentes qui, finitis officiis Præsidentiæ, respectivè ad eadem officia eligi poterant, ante quadriennium, à fine officiorum ipsorum computandum, lapsum, ad Regiminis aut Capituli, quibus respectivè præfuerint, Præsidentiam assumi nequeant.

Idemque Præsidens Regiminis cui ad visitationis officium nulla dabatur vacatio, visitationis cura careat, per biennium à suæ Præsidentiæ fine computandum.

(b) Nec liceat cuiquam in Definitoriatus dictæ Congregationis officio ultra biennium remanere ; sed debeat per integrum vacare biennium, antequam Definitor rursùm valeat deputari.

En 1523 le Pape Adrien VI dérogea au Decret de son Prédécesseur, pour rétablir l'ancien usage de cette Congrégation, & faire refleurir son éclat. (a) Grégoire XIII ayant renouvellé la Bulle de Léon X, la vacance exclusive fut de nouveau supprimée par le Pape Sixte V. (b) Le Pape Paul V publia deux Bulles différentes, l'une pour remettre la vacance en usage, l'autre pour l'abroger. Celle-ci fut datée de l'an 1619. (c) Le Pape Urbain VIII, à l'exemple de son Prédécesseur, a d'abord rétabli & retranché ensuite la vacance des Supériorités. L'état de la Congrégation n'a pas changé depuis. Urbain VIII s'exprima ainsi dans sa premiere Bulle du 4 Mai 1628, *Quod de cætero Definitorium ejusdem Congregationis non sit, nec esse possit perpetuum... quod ipsorum Definitorum officium ultra triennium non duret, & per biennium.... obtentum eo ipso vacet & vacare censeatur: iidemque Definitores denuò eligi vel assumi nequeant, nisi postquam per aliud biennium ab eodem officio vacaverint.*

On ne peut rien desirer de plus clair que les textes de ces Bulles multipliées. Elles énoncent la vacance exclusive avec une netteté qui frappe. Elles la caractérisent de maniere à ne laisser aucun nuage dans les esprits. Quand les Papes ont voulu prescrire cette vacance, ce n'est point par des clauses incidentes, obscures, équivoques, qu'ils ont marqué leurs intentions. La vacance rigoureuse ne s'établit point par de simples inductions. Le Pape Urbain

(a) *Nos igitur felicem successum dictæ Congregationis desiderantes.... ac in pristinum in quo eratis, statum restituentes.... in Præsidentem, Definitores, Visitatores, nullâ habitâ ratione, quod uno vel duobus successivè annis præcedentibus electi fuerint... eligere, &c.*

(b) *Statuimus ut in posterum... libera sit unicuique vestrum facultas quos idoneos judicaverint ex Prælatis habentibus vocem in Capitulo ad officium Definitoriatûs eligendi; nullâ habitâ ratione quod in uno alterove Capitulo præcedentibus successivè fuerint Definitores, quodque triennio non vacaverint.*

(c) *Statuimus ut in posterum libera unicuique vestrum facultas quos idoneos judicaverint..... ad Officium Definitoriatûs eligendi, nullâ habitâ ratione quod biennio non vacaverint.*

VIII a rassemblé toutes les expressions, cumulé toutes les formules propres à la désigner. Pourquoi, si son dessein eût été de soumettre la Congrégation de S. Maur à la même vacance, n'auroit-il pas parlé de même dans une Bulle qu'il a donnée quelques mois auparavant ? Seroit-ce sans dessein que Grégoire XV & Urbain VIII se seroient abstenus des termes usités dans le style de Rome, de ces expressions affectées aux vacances rigoureuses : *Officium vacet, vacare censeatur : ultra biennium non duret : ad eadem officia assumi nequeant*, &c. Plus les vacances sont rigoureuses, moins elles se présument. Le silence des Bulles, loin de s'interpréter en leur faveur, est au contraire un témoignage contre elles.

La Bulle de 1627 fournit une seconde preuve plus directe, en désignant la Loi dont elle dispense, par les Constitutions qui la renferment. Urbain VIII permet de continuer les Supérieurs au delà du tems fixé dans les Constitutions : *Ultra terminum in dictæ Congregationis Constitutionibus præfixum*. Que ces Constitutions soient celles du Mont-Cassin, ou celles de la Congrégation de S. Maur, le sens de la Bulle est le même, parce qu'elles sont également opposées aux vacances exclusives.

Les Constitutions du Mont-Cassin ne laissoient point une faculté illimitée de perpétuer les Supérieurs. Elles permettoient de proroger les Prieurs jusqu'à cinq ans ; après ce terme il falloit les retirer : *Ultra quinquennium non possint in regimine ejusdem Monasterii ullo modo permanere*. (a) Mais les Constitutions n'ordonnoient pas de les déposer ; il étoit libre au Chapitre de les *changer*, c'està-dire, de les placer à la tête d'autres Monasteres. L'administration des Supérieurs du Régime avoit aussi un terme au-delà duquel ils ne pouvoient point être continués.

Suivant les Constitutions de la Congrégation de Saint Maur, les Prieurs peuvent être élus pour un second triennal. Une plus longue prorogation n'est permise que pour

(a) Constitut. 1 Part. cap. 23.

des caufes de néceffité : *Nifi forfan ob evidentem neceffitatem, vel utilitatem.* Lorfque les fix ans font écoulés, le Chapitre peut leur confier l'adminiftration d'un autre Monaftere : les Vifiteurs vaquent après le premier triennal, mais ils peuvent être élus Vifiteurs d'une autre Province. Les Affiftans font quelquefois continués pendant neuf années ; mais aucun motif ne peut autorifer une plus longue prorogation. (*a*)

Dans l'une & dans l'autre Congrégation, la vacance tient le milieu entre la fimple & l'exclufive. Il eft libre de continuer les Supérieurs, ou dans le même office, ou dans un autre ; mais ils ne peuvent être continués dans la même Supériorité que pendant un terme limité. Il y a donc, tout à la fois, vacance néceffaire, & faculté de continuer. La vacance exclufive oblige de dépofer le Supérieur, & il ne peut être rétabli dans le même office, ni même dans un autre qu'après un certain délai.

Le fens de la Bulle s'éclaircit auffitôt qu'on la rapproche des Conftitutions auxquelles elle renvoye. Aux termes des Conftitutions du Mont-Caffin & de S. Maur, il y a des vacances de rigueur ; il eft défendu de continuer un Supérieur après cinq ou fix années d'adminiftration. C'en eft affez pour fonder le befoin d'une difpenfe ; c'eft donc de cette Loi prohibitive dont le Pape Urbain VIII a fufpendu l'exécution. Ces Conftitutions ne prefcrivent point la vacance pleinement exclufive ; ce n'eft donc point fur cette efpece de vacance que tombe la difpenfe.

Il ne refte donc plus de nuages fur le fens de la Bulle ; le Pape y permet de continuer les Supérieurs au-delà des termes réglés par les Conftitutions, il accorde au Chapitre géné-

―――――――――――――――――
(*a*) Toutes les Supériorités font foumifes à la même Loi dans la Congrégation de S. Maur. Toutes ont un terme au-delà duquel elles ne peuvent être continuées. Le Supérieur général eft le feul que le Chapitre ait la liberté de proroger à chaque triennal, fans aucune limitation de tems. Mais il n'eft pas nommément compris dans la Bulle d'Urbain VIII ; elle parle des Supérieurs en général, & cette exception unique a été expreffément établie par les Conftitutions.

ral la faculté de prolonger l'administration des Supérieurs majeurs dans leurs emplois, & celle des Supérieurs locaux dans les mêmes Monasteres, autant de triennaux qu'il le jugera nécessaire pour le plus grand bien de la réforme : *Pro bono illius ad arbitrium Capituli generalis in suis Superioritatibus, officiis & muneribus continuare.*

Mais parce que la Congrégation n'avoit demandé ce privilege que par simple précaution, elle en usa très-sobrement ; on le voit par les listes des Supérieurs qui furent nommés dans les Chapitres de ces premiers tems.

6°. Les partisans de la triennalité exclusive objectent que les motifs de la dispense s'opposent à cette interprétation. Le Pape ne paroit avoir eu en vue que la Loi des vacances exclusives, ou le Statut qui fixe la durée des emplois. Si on juge des intentions d'Urbain VIII par les raisons qui le déterminerent, ce n'est point du Statut dont il a voulu dispenser. Il ne permit de continuer les Supérieurs que dans le cas de nécessité, & à cause de la disette des sujets : *Si ad id cogat necessitas, & Superiorum capacium penuria.* Or le défaut de sujets ne peut jamais obliger de continuer les Supérieurs dans les mêmes emplois ; parce que cette prorogation ne remédie point à la disette. Dès qu'il sera permis de changer les Supérieurs, de transférer les Prieurs d'un Monastere à l'autre, il y aura toujours assez de Supérieurs ; il ne sera donc jamais nécessaire d'étendre leur administration au-delà du terme prescrit.

On pourroit d'abord répondre que le Pape réunit plusieurs motifs, qu'il accorde la dispense non-seulement à cause de la rareté des sujets, mais aussi pour le plus grand bien de la Congrégation, *pro bono illius*, qu'il n'est pas besoin que tous les motifs concourent, & que le seul intérêt du corps peut exiger qu'on proroge des Supérieurs ; mais le motif même tiré de la disette des sujets se concilie avec la liberté de transférer des Supérieurs.

Dans une Congrégation ancienne, formée, qui a pris sa consistence, il est facile d'observer le Statut qui limite la durée des Offices. Il ne faut que changer les Supé-

N

rieurs après qu'ils ont rempli leur temps. Le changement n'est pas toujours possible dans une Congrégation naissante qui travaille à s'aggréger de nouveaux Monastères, à étendre sa réforme. Le nombre des Maisons augmentant, celui des Supérieurs doit croître à proportion, & quand la Congrégation auroit assez de sujets pour toutes les places, elle pourroit encore se trouver dans la nécessité de proroger des Supérieurs. Tel Religieux est en état de maintenir l'observance régulière dans un Monastère où elle est établie, qui ne seroit pas propre à l'y introduire ; il faut des talens, une capacité au-dessus du commun pour réformer une Maison Religieuse. Le Supérieur chargé d'introduire la réforme, doit avoir plus de ressources dans l'esprit, plus d'intelligence dans les affaires, connoître plus à fond l'art de manier les esprits, être plus versé dans celui du gouvernement ; souvent cette fonction exige qu'on traite avec l'Abbé & les anciens Religieux, qu'on fasse subsister la nouvelle Colonie avec des fonds médiocres. Il y a des partages à faire, des arrangemens à prendre, des contestations à assoupir, des biens dégradés à réparer, des fonds perdus à recouvrer, des lieux claustraux à reconstruire, &c. tant d'opérations exigent des qualités qui se trouvent rarement réunies. Une Congrégation naissante peut donc, quoique en état de fournir des Supérieurs d'un mérite ordinaire, être dans la disette de sujets capables de former de nouveaux établissemens, & alors que peut-elle faire de mieux que de proroger ceux-ci jusqu'à ce qu'ils ayent perfectionné leurs entreprises ? Telle étoit la situation de la Congrégation de S. Maur en 1627 ; elle avoit donc les plus fortes raisons pour demander la dispense du terme prescrit à la durée des emplois.

On pourroit ajouter qu'il est des circonstances où cette dispense devient nécessaire même à une Congrégation qui depuis longtems a pris sa consistence. Un Monastère dévasté par la guerre, l'incendie ou d'autres accidens, a souvent besoin d'un Supérieur permanent qui le rétablisse. La Congrégation du Mont Cassin, quoiqu'érigée depuis plus d'un fiécle, a senti le besoin de ce reméde, elle a demandé à Clément VIII la même dispense que celle de S. Maur a obtenue du Pape Urbain VIII. *In promotionibus autem ad Abbatiam & Prioratum liceat (pro bono Congregationis) tempus in Constitutionibus vestris præscriptum, omnium Definitorum consensu, dispensare.*

Il n'y a pas d'apparence que les Partisans de la vacance triennale se prévalent du peu d'exécution de la dispense. L'argument auroit encore plus de force contre eux. La réalité d'un privilége ne dépend pas de son usage; on peut avoir une dispense & ne pas s'en servir, la demander pour plus grande sureté, & faire tous ses efforts pour la laisser inutile. Quand la Congrégation de S. Maur n'auroit jamais élu de Supérieurs au-dessous de l'âge de trente ans, il n'en seroit pas moins certain qu'elle en a reçu la permission par la Bulle d'Urbain VIII. Dans le vrai elle n'en a fait que peu d'usage. Il en a été de même de la dispense pour la durée des emplois, parce qu'elle ne l'avoit obtenue que par simple précaution. Cependant il n'y a aucun des premiers Chapitres généraux tenus depuis la Bulle de confirmation, où la Congrégation n'ait eu recours à la dispense.

7°. Supposons pour un moment qu'il y ait quelque obscurité sur l'objet de la dispense, sur le vrai sens de la Bulle, que l'ambiguité du texte laisse encore balancer entre les deux explications opposées; dans cette incertitude donneroit-on la préférence à celle des partisans de la triennalité exclusive? Combien ne seroit-il pas plus naturel de chercher des éclaircissemens dans les Constitutions? Ceux qui les ont rédigées avoient vu les commencemens de la réforme, il en avoient été les principaux Artisans ou Promoteurs. C'est à leurs instances que les Bulles furent accordées. Pouvoient-ils n'en pas connoître l'esprit? Personne n'étoit plus en état de les interpréter, personne aussi n'étoit plus incapable d'y porter atteinte. Ces hommes pénétrés de reconnoissance envers le S. Siège, qui avoient porté le scrupule jusqu'à obtenir, par simple précaution, des dispenses dont ils ne comptoient user que dans le plus pressant besoin, eussent-ils méprisé des Bulles qu'ils avoient eux-mêmes demandées, qui formoient les titres fondamentaux de la Congrégation, dont émanoit même la principale force des Constitutions.

La loi & la raison veulent que les obscurités d'un titre s'expliquent par l'usage, par l'exécution dont il a été suivi. Quand il s'agit de l'interprétation d'un privilége, les Papes déclarent qu'on doit choisir celle qui est la plus favorable au privilégié; (a) & à ne considérer les vacances qu'en elles-mêmes, hésitera-t-on à regarder les moins rigoureuses comme les plus utiles ? C'est le jugement qu'en a porté le Pape Urbain VIII lui-même dans sa Bulle du 8 Juillet 1637, lorsqu'il a supprimé pour toujours les vacances exclusives dans la Congrégation du Mont Cassin. *Cum autem experientiâ rerum magistrâ compertum sit, reductionem officii Definitoriatûs ad biennium.... in dictæ Congregationis detrimentum & perturbationem cedere, eâ præsertim de causâ quod peritiores ut plurimum, & in Congregationis negotiis versati, necessariò prætereantur, & autoritas Magistratûs illius minuatur, delinquendique licentia crescat, & minus, quam par est, in spiritualibus & temporalibus intendi possit, &c.*

Aléxandre VI avoit décidé la même chose, & sa décision avoit été confirmée par Paul V dans une Bulle du 9 Novembre 1439.

80. Portons la complaisance plus loin. Supposons que le Pape Urbain VIII ait effectivement pensé que la vacance exclusive étoit suivie dans la Congrégation de S. Maur: seroit-ce aujourd'hui un motif suffisant pour assujettir à la triennalité rigoureuse, un Corps qui depuis 1630 est en possession de proroger ses Supérieurs ? Quel trouble ne jetteroit-on pas dans la Congrégation par le changement de ses usages, en l'obligeant, malgré elle, d'observer une loi moins avantageuse en elle-même, & que quelques Particuliers seulement réclament.

(a) *Quidquid dubii in priviligiis.... emergeret verborum ambiguitate, & variâ peritorum interpretatione, in favorem dictæ Congregationis.... interpretari debere.* [Bulle de Clément VIII du 15 Octobre 1531.]

La Bulle d'Urbain VIII ne seroit pas (dans cette hypothèse même) un titre pour l'assujettir à la triennalité exclusive. Ce Pape auroit dispensé d'une Règle établie par les Constitutions qu'on observoit avant 1627 ; mais la dispense auroit cessé avec la loi qu'elle suspendoit, aussi-tôt que les Constitutions eussent été abandonnées. Dispenser d'une loi portée par des Constitutions, ce n'est point obliger pour toujours à l'exécution des Constitutions où la loi se trouve écrite. Il n'y a dans la Bulle d'Urbain VIII aucun texte qui prescrive la vacance exclusive, aucun qui ordonne de ne jamais s'écarter des Constitutions. Il faudroit qu'en dispensant de la vacance rigoureuse, exigée par les Constitutions, il eût été défendu de déroger aux Constitutions. Sans cela comment conclure de la dispense, que la vacance exclusive soit une loi invariable établie par les Papes, une loi fondamentale à laquelle la Congrégation n'a pas eu le pouvoir de se soustraire ? Or il n'y a dans la Bulle aucune prohibition de toucher aux Constitutions, de les changer spécialement sur l'article des vacances. Au contraire la Congrégation a reçu par la Bulle même le droit de déroger à ses Constitutions, d'en dresser de nouvelles, & d'y faire tels changemens qu'elle estimeroit nécessaires : *Statuta & Constitutiones, prout necesse fuerit, condere, & jam condita, & condenda, si id, per Capitulum generale dumtaxat, omninò necessarium videatur, pro majori Dei gloriâ & feliciori successu totius Congregationis S. Mauri, moderari, immutare & abrogare.*

Cette seule réflexion renverse sans ressource le système des partisans de la triennalité exclusive. La Congrégation n'a fait qu'user d'une autorité légitime en réglant son régime tel qu'il est prescrit par ses Constitutions. Le S. Siége lui en avoit donné le pouvoir. Ce privilege avoit été confirmé par la puissance publique. C'est donc dans la Bulle même d'Urbain VIII qu'on trouve le principe qui sert à résoudre la difficulté fondée sur l'autorité de ce décret Apostolique.

Ce raisonnement péremptoire fut spécialement celui

qui triompha à Rome des injustes accusations que les Faronites avoient osé intenter contre les Constitutions de la Congrégation. C'est celui qui avoit décidé les Docteurs consultés en 1635. Il leur avoit paru que la dispense accordée aux Religieux de S. Maur n'avoit été obtenue que pour un tems, & jusqu'à ce qu'ils eussent eux-mêmes déterminé un régime par des Constitutions qui leur fussent propres. *Ob hanc causam obtenta est Bulla confirmationis quâ continetur facultas faciendi novas Constitutiones.*

Les Faronites contestèrent à la Congrégation le droit de se donner des Statuts ; ils prétendirent *qu'il ne lui avoit pas été permis de faire des Statuts qui eussent force de loi sans l'autorité du S. Siége, & beaucoup moins de changer quelque chose dans l'institut que le Pape lui avoit donné.* (a) Les Appellans comme d'abus, plus réservés en apparence, n'attaquent pas le droit en lui-même, mais ils tendent au même but par une route différente.

Urbain VIII, en permettant à la Congrégation de faire de nouvelles loix, de changer ou abroger les anciennes, n'a pû [selon eux] lui accorder d'autre faculté que celle de régler les choses de pure discipline Monastique, qui ne touchent point à l'essence de l'Institut, & que les Papes ont coutume de laisser à la disposition des Chapitres généraux. Cette faculté ne peut être exercée sur les objets substantiels, sur les loix constitutives. L'étendre jusques-là, ce seroit la rendre abusive & sans effet. Aujourd'hui que les maximes du droit public sur cette partie de la législation ont été si profondément & si judicieusement traitées dans tous les Parlemens du Royaume, on sçait qu'une Société religieuse ne pourroit, sans donner atteinte aux loix de l'Etat, changer, altérer, réformer ses Constitutions, que le Religieux ne pourroit valablement se soumettre à une loi qui n'auroit rien de stable, que le Magistrat ne pourroit approuver un régime qui n'auroit rien de fixé & de certain. C'est delà que les Appellans concluent que la

(a) Mém. imprimé en 1647. Part. 1. page 1.

Congrégation réclameroit vainement le pouvoir qu'elle a reçu du Pape Urbain VIII, pour canonifer fes innovations, pour autorifer fes dérogations à la loi conftitutive de la triennalité (a).

On ne doit pas craindre qu'en défendant fes priviléges la Congrégation méconnoiffe l'étendue & l'importance des maximes de notre droit public. Elle loue les Appellans de l'hommage qu'ils rendent à ces maximes précieufes, elle reconnoît dans ce langage celui de fes enfans. Mais on ne refpecte pas affez ces maximes quand on les fait fervir à la déclamation. Les employer mal-à-propos, c'eft en abufer.

Quel eft donc l'objet fi intéreffant fur lequel on cherche à alarmer le Citoyen, le Magiftrat, l'Etat entier ? Un Prieur de la Congrégation de S. Maur, qui a gouverné fix ans dans un Monaftère, fera-t-il établi Prieur dans une autre Maifon, ou faudra-t-il le réduire à l'état de fimple Religieux pendant un triennal ? Voilà fur quoi on jette des cris incendiaires. Le Pape a permis à la Congrégation de fe décider elle-même entre ces deux ufages : elle l'a fait. C'eft un attentat : on appelle pour le venger, la Religion, les Loix, le droit National. Qu'importe-t-il donc à l'autorité publique, au bien de la Société, au maintien des principes fondamentaux, que les vacances foient ou ne foient pas exclufives dans une Congrégation régulière.

Le Privilège de la Congrégation de S. Maur n'eft point nouveau, & il ne paroîtra point extraordinaire à quiconque fçaura diftinguer l'Inftitut du Régime. C'eft par cette diftinction qu'on impofa filence aux Faronites. Un corps Religieux ne peut fubfifter fans police & fans loix : lorfqu'il a été légalement érigé, il eft cenfé avoir le droit de pourvoir à fa confervation, de fe prefcrire une forme de gouvernement, à moins que les puiffances, qui lui ont donné l'être, n'ayent en même-tems fixé fon Régime & fon adminiftration.

(a) Confultation du premier Juillet 1763. pag. 9 & 10.

Lorsque les Conciles ont ordonné aux Communautés Régulieres de se mettre en Congrégation, ils ont cru devoir les charger de dresser elles-mêmes leurs Constitutions. Le quatriéme Concile général de Latran, en obligeant les Religieux de s'unir en Congrégation, ne leur donna point de loix pour règler leur Police ; il en renvoya le soin aux Chapitres généraux. *Quod Statutum fuerit in Capitulis generalibus, ab omnibus observetur* (a). Le Concile de Trente a renouvellé le decret du Concile de Latran, & a laissé la même liberté aux Congrégations. *Monasteria omnia teneantur infra annum.... sese in Congregationem redigere....ibique certas regulares personas deputare, quæ de modo & ordine, de prædictis Congregationibus erigendis, & Statutis in eis exequendis, deliberent & statuant* (b). Les Papes qui ont établi des Congrégations se sont conformés à l'esprit de ces Conciles ; persuadés que l'expérience pouvoit seule apprendre ce que la prévoyance la plus étendue n'avoit pû appercevoir qu'imparfaitement, ils ont permis aux Congrégations de fixer elles-mêmes leur Régime. Celui de Cîteaux fut reglé par les premiers Abbés de l'Ordre dans la Charte de Charité ; les réformes des Feuillans & de Chezal-Benoît n'ont point été autrement établies. Celle-ci avoit dressé ses Statuts avant sa Bulle d'établissement, & Léon X les confirma en l'érigeant : *Statuta & ordinationes illam Congregationem concernentia, licita tamen & honesta, apostolicâ autoritate confirmamus & approbamus, ipsamque Cazalis Benedicti, ad instar dictæ Congregationis Montis Cassini, erigimus & instituimus.* La Congrégation du Mont Cassin rédigea elle-même ses Constitutions, & le Pape Eugene IV lui accorda en 1432 toute liberté de les modifier ou réformer. *Instituendi, ordinandi, interpretandi, declarandi, nec-non quæ sunt Instituta, declarata, ordinata, interpretata, in toto vel in parte, pro ut rerum vel temporum qualitates exegerint,*

(a) Canon 12.
(b) Sess. 25. cap. 8.

alterandi

alterandi, & in melius commutandi.... plenam & liberam in omnibus habeant facultatem.

La Congrégation de S. Maur ne reçut point de loi particuliere par ſes titres conſtitutifs ; Gregoire XV l'érigea ſur le modele du Mont Caſſin , & lui en donna tous les privileges. Elle eut donc celui de faire des loix pour ſon Régime , puiſque le Mont Caſſin avoit obtenu cette prérogative. Cependant la Congrégation de S. Maur eut la précaution de demander une autoriſation expreſſe, elle lui fut accordée par le Pape Urbain VIII. Quel reproche peut-on lui faire pour avoir uſé d'un droit qu'elle n'avoit accepté qu'à l'imitation des Congrégations plus anciennes, & dont la conceſſion, loin d'être répréhenſible , étoit conforme aux diſpoſitions canoniques.

La Congrégation de S. Maur conçut, dans ſon berceau même, le deſſein de ſe former un bon Régime. Sa premiere aſſemblée l'arrêta par un Décret. Ses premiers Supérieurs travaillerent au projet de ſes Conſtitutions. Que de motifs ne dûrent pas l'engager à dreſſer le plan d'un régime qui lui fût propre ! Louis XIII avoit conſenti à l'introduction de la réforme dans les Monaſtères du Royaume ; mais ſous la condition , qu'en ſe réuniſſant ſous les mêmes loix , ils formeroient une Congrégation nouvelle , différente de celle de S. Vanne ; qu'elle porteroit un autre nom , qu'elle auroit un chef François , que ſes Chapîtres ſe tiendroient dans le Royaume ; que les Religieux réformés ne ſeroient point ſoumis à une Juriſdiction étrangere, & qu'ils ſeroient tenus d'obſerver les *Loix , Ordonnances , uſances & Statuts anciens du Royaume.* Gregoire XV à la vérité l'établit ſur le modèle de celles du Mont Caſſin & de S. Vanne , mais ſans l'aſtreindre à en prendre le Régime , en lui donnant même quelques Réglemens contraires aux uſages de ces Congrégations. Une Congrégation Gallicanne n'étoit pas faite pour s'aſſervir aux loix de ces Corps étrangers. La ſeule différence des mœurs & du Pays ſembloit exiger qu'elle eût ſon adminiſtration particuliere. Elle étoit obligée d'accommoder

O

fon Régime aux *ufances anciennes du Royaume*. Ce que Gregoire XV lui avoit prefcrit indiquoit affez qu'elle devoit, ou qu'elle pouvoit au moins, avoir une forme de gouvernement qui la diftinguât des Congrégations du Mont Caffin & de S. Vanne.

Il étoit d'ailleurs de fon intérêt d'avoir des Conftitutions fixes. Celles du Mont Caffin avoient éprouvé des viciffitudes trop continuelles pour s'expofer à leur inftabilité. Martin V avoit permis à chaque Monaftere du Mont Caffin d'élire fon Prieur & de lui réferver le cinquiéme du revenu. Ces deux articles furent réformés par Eugene IV. Les Conventuels avoient droit d'affifter au Chapitre général, & de voter à l'élection des Définiteurs; Clément VII les priva de ce privilège par une Bulle du 22 Mars 1524. Ils furent rétablis en 1579 dans leur premier droit par Gregoire XIII ; ce Pape les en dépouilla de nouveau en 1582. Depuis long-tems la forme des Elections avoit été changée. En 1587 Gregoire XIII renouvella la loi du fcrutin, & voulut que les Définiteurs euffent la plufque moitié des voix. Il avoit été libre aux Chapitres généraux de choifir pour Définiteurs & Vifiteurs des Religieux Profés du même Monaftère. Sixte V le défendit par une Bulle du 17 Février 1588. La défenfe révoquée par Gregoire XIV en 1591, fut réitérée par Clement VIII en 1593. Les Dietes avoient le pouvoir de dépofer ou de changer les Supérieurs. Le Pape Urbain VIII ne laiffa à ces Affemblées que la faculté de les fufpendre, & fous Innocent X les Chapitres intermédiaires furent entiérement abolis. On a vû enfin combien de changemens cette Congrégation avoit éprouvés par rapport à la vacance des Supérieurs de fon Régime.

La fituation de celle de Lorraine n'étoit pas un moindre obftacle, à ce que la Congrégation de S. Maur en adoptât les Statuts & les ufages. Les articles que le Cardinal de Lorraine avoit ajoutés aux Conftitutions primitives de S. Vanne, avoient excité une fermentation violente. Les premiers Peres de S. Maur témoins des troubles, effrayés de la guerre inteſtine qui minoit cette Congrégation naiſſante, furent aſſez prudens pour éviter le danger, & former des Conſtitutions plus propres à maintenir l'ordre & la paix dans la Congrégation de S. Maur.

La ſageſſe dans la rédaction de ces Conſtitutions, répondit à la force des motifs qui avoient fait entreprendre l'ouvrage. La Congrégation en confia le travail à ſes Membres les plus diſtingués. Les Commiſſaires prirent toutes les meſures poſſibles pour réuſſir. Ils étudierent les Statuts des Communautés les plus célèbres, ils conſulterent les perſonnes les plus éclairées. Ils ne dreſſerent d'abord que des Mémoires pour profiter des lumieres de ceux à qui ils feroient communiqués. Quand le projet fut dreſſé, on l'envoya à tous les Monaſtères; les Chapitres généraux l'examinerent avec la plus ſévère attention. Il ſubit à différentes repriſes cette épreuve rigoureuſe. Rien n'a été admis dans le Corps des Conſtitutions qui n'eût été diſcuté & unanimement approuvé. Quelle route plus ſûre, quelles plus ſages précautions auroit-on pû prendre pour porter le travail à ſa perfection ! Si la Congrégation employa plus de 15 ans à former le code de ſes loix, c'eſt parce qu'elle étoit perſuadée qu'un ouvrage de cette importance ne ſçauroit ſe faire avec trop de reflexions & de maturité. Les Chapitres généraux y firent ſucceſſivement juſqu'en 1645, des additions & corrections; les principales, à la vérité, furent occaſionnées par le projet d'union de l'Ordre de Cluny, & les changemens, peu eſſentiels en eux mêmes, n'altérerent point la ſubſtance ou le premier plan de Régime fixé dès 1630 & 1633; mais il n'en eſt pas moins vrai que les Conſtitutions furent rédigées avec l'attention la plus exacte.

Eſt-ce contre de telles Conſtitutions qu'on doit ſonner l'alarme? L'Inſtitut de la Congrégation de S. Maur n'eſt autre que la Régle de S. Benoît. Les Conſtitutions en ſont indépendantes. Lorſque la Congrégation reçut le pouvoir de les dreſſer, ce fut ſous la condition de ne pas toucher à la Régle qui forme proprement ſa loi fondamentale.

O ij

Que la Règle & les Constitutions fussent confondues, & ne formassent qu'un tout indivisible ; que la Congrégation, maîtresse des Constitutions qu'elle auroit elle-même formées, pût à son gré changer son Institut ; que son Code, tenu secret, n'eût jamais été soumis à l'inspection des Magistrats ; que le sort & l'exécution de ses loix, toujours dépendantes de l'intérêt actuel, fussent abandonnés à une volonté arbitraire ; c'est alors qu'on auroit raison de dévouer ses Constitutions à la vengeance publique, de les dénoncer à la Justice pour leur faire imprimer la note flétrissante de l'abus. Mais combien la Congrégation de S. Maur n'est-elle pas éloignée de mériter ces imputations !

Seroit-ce parce que les Constitutions sont l'ouvrage de la Congrégation, qu'on les trouveroit repréhensibles ? Le reproche seroit-il décent de la part des Religieux qui sont ses membres ? Ne frapperoit-il pas, avant de pouvoir l'atteindre, sur le Pape qui lui en a confié la rédaction, sur l'autorité souveraine qui, en approuvant la Bulle d'Urbain VIII, a confirmé le privilege qu'elle renfermoit.

Attaqueroit-on les Constitutions en elles-mêmes & dans leurs dispositions ? Le coup viendroit trop tard. Depuis plus d'un siécle qu'elles sont imprimées, elles sont entre les mains de tout le monde ; la Congrégation n'a point eu d'autre Régle de son Régime depuis 1645. Au-dehors, elles ont été louées. Au-dedans elles n'ont éprouvé de contradiction que de la part de quelques Religieux mécontens. En 1647 elles furent dénoncées à Rome & elles y reçurent une approbation authentique. En 1680 elles furent soumises dans le sein du Royaume à la censure de Commissaires attentifs & éclairés. Ils penserent que si elles étoient à faire, il faudroit les rédiger telles qu'elles sont. Les Appellans eux-mêmes n'y critiquent qu'un seul article, c'est celui qui permet de continuer les Supérieurs, ou de leur confier d'autres emplois : & quel intérêt la Religion ou l'Etat pourroient-ils prendre à ce Statut de Police réguliere, Statut légitime, Statut dont la raifon & l'expérience démontrent également l'utilité?

Seroit-ce enfin à raifon de leur mutabilité qu'on les blâmeroit? Mais les Appellans fe plaignent de ce que la Congrégation y eft trop attachée. Autant avoit-elle été circonfpecte dans leur rédaction, autant a-t-elle été ferme & conftante pour maintenir leur exécution, depuis qu'elles ont été reçues & publiées. (a) On pourra dire que fi la Congrégation ne s'eft permis d'y faire aucun changement, elle en a reçu le pouvoir, & que cette faculté eft effentiellement abufive. On eft donc réduit à reprocher à la Congrégation non ce qu'elle a fait, mais ce qu'elle auroit pû faire? Quand la faculté de toucher à fes Conftitutions, entraîneroit quelques inconvéniens, quelque danger même, feroit-elle coupable, pour avoir reçu un pouvoir dont elle n'a fait aucun ufage? Ses Conftitutions perdroient-elles de leur prix par cette circonftance qui leur eft étrangere? Devroit-on même rendre la Congrégation refponfable des fuites d'un privilége qu'elle tient de la libéralité des deux puiffances?

Qu'on fe raffure fur le prétendu danger d'une faculté, qui, après tout, a fes bornes & fes régles. Le Chapitre général a feul droit de toucher aux Conftitutions, & il ne le peut que dans le cas de néceffité. La conduite paffée

---

(a) Les Supérieurs qui ont rédigé les Conftitutions, ont pris toutes les précautions poffibles pour les rendre invariables; c'eft ce qui fe prouve par le premier article du 37ᵉ Chapitre de la premiere partie de ces Conftitutions.

Advertent autem (Præfidens & definitores) Declarationes cum textu regulæ in unum corpus infertas penitùs effe immutabiles; itemque Conftitutiones ipfas pro directione regiminis, nifi forte gravifimis rationibus id fuadentibus aut manifeftâ & urgenti neceffitate primum octo ex novem definitoribus, deinde cæteri vocales ad duas tertias partes fuffragiorum aliquid in ipfis Conftitutionibus mutandum vel revocandum cenferent, quæ quidem fic mutanda vel revocata obligabunt ufque ad Capitulum generale proximum, in quo tam à definitoribus quam ab aliis vocalibus ad duas tertias partes erunt confirmanda, vel nifi hoc modo confirmata fuerint, ipfo facto caffa & irrita erunt.

de la Congrégation eſt un ſûr garant qu'à l'avenir elle ne ſera pas moins réſervée. Le Pape a permis à la Congrégation de changer dans le beſoin les loix de ſon régime; le Roi y a conſenti. Le Parlement a enregiſtré le titre de la conceſſion. Qu'en réſulte-t-il? Que ſi des circonſtances nouvelles & imprévues exigeoient un changement, la Congrégation ne ſeroit point obligée de recourir à Rome, qu'elle trouveroit dans ſes propres priviléges l'autorité de pourvoir à ſon plus grand bien. En conclurra-t-on que la Congrégation voudroit ſouſtraire les changemens à la vigilance des Magiſtrats! La conſéquence ſeroit injuſte. Rome n'a pu diſpenſer la Congrégation d'obéir aux loix publiques du Royaume: la Congrégation n'a point oublié que ſon premier titre d'érection l'aſtreint *à garder les uſances & Statuts anciens du Royaume*. Dans tous les tems, elle s'eſt fait gloire de reſpecter & de défendre les maximes du droit national; elle regardera toujours comme un devoir de donner, par ſa ſoumiſſion, l'exemple de l'obéiſſance la plus entiere aux loix de l'Etat. (*a*)

C'eſt donc ſans aucun fondement qu'on attaque les Conſtitutions de la Congrégation de S. Maur, toutes les innovations qu'on leur reproche ſont chimériques; ce qu'elles preſcrivent ſur les vacances en particulier eſt conforme aux anciens uſages de la Congrégation. Elle n'a jamais eu aucune loi qui l'ait aſſujettie à la triennalité excluſive; les Conſtitutions du Mont Caſſin, les Loix primitives de S. Vanne elles mêmes n'avoient point ordonné que les vacances fuſſent excluſives; & la Congrégation de S. Maur ne s'eſt jamais cru obligée de ſuivre indéfiniment tous les uſages de ces Congrégations. Ni les Lettres Patentes de 1610 & 1618, ni les Bulles de 1621 & 1627 n'ont aſſervi la Congrégation à la loi gênante de la vacance rigoureuſe. Celle de Chezal Benoît (*b*)

(*a*) On peut citer ici en preuves les réglemens du dernier Chapitre.

[*b*] Les Supérieurs de la Congrégation de Chezal Benoît furent

établie sur le modèle du Mont Cassin, ne pratiquoit point la triennalité exclusive avant son incorporation à celle de S. Maur; en tout cas elle y auroit renoncé par le concordat d'union, puisqu'elle s'est soumise aux Constitutions de la Congrégation de S. Maur.

Il y a donc lieu d'espérer que les Religieux, Appellans comme d'abus, rentrant en eux-mêmes après un examen plus réfléchi, rendront aux Constitutions l'hommage qu'ils lui doivent. C'est la loi sous laquelle ils se sont voués à la Congrégation, elle ne les a reçus que sous l'engagement qu'ils ont pris de se soumettre à ses règles, à ses usages, à son régime. L'Arrêt rendu pour la Congrégation de S. Vanne en 1744 est étranger à celle de S. Maur. Ses motifs ou ne s'appliquent qu'aux Religieux de la Congrégation de Lorraine, ou doivent faire maintenir celle de S. Maur dans sa possession. Les vacances exclusives ont été conservées à S. Vanne, parce que depuis plus d'un siécle elles y étoient constamment observées. La même raison s'oppose à ce qu'on les introduise dans la Congrégation de S. Maur; ce changement dérangeroit le système & l'économie de son régime, il ne pourroit par conséquent qu'y causer un ébranlement dangereux; *Nihil innovetur nisi quod traditum est.*

SECONDE QUESTION.

Les Obédiences sont-elles abusives?

Les Appellans comme d'abus se plaignent des Obédiences qu'ils ont reçues; ils sont, disent-ils, *relégués dans des*

---

d'abord assujettis à la triennalité exclusive, ensuite il fut statué qu'on pourroit les continuer pendant un second triennal, & que ce ne seroit qu'après six ans d'administration qu'ils seroient sujets à la vacance rigoureuse. (Abbates per Definitores Capituli generalis ad secundum triennium possunt continuari, quo quidem secundo triennio finito, talis persona ad idem Monasterium vel ad aliud quodcumque continuari non poterit.) In Cap. gen. habito an 1522.

déferts, d'où l'on se flatte que leurs plaintes ne pourront se faire entendre(a). Leurs Obédiences sont des actes vexatoires que la Justice doit réprimer.

Mais les Obédiences qu'ils osent déférer aux Magistrats sont l'ouvrage même du Chapitre général de la Congrégation ; & quelle seroit l'autorité du Corps assemblé, s'il n'étoit pas maître de fixer la résidence des Religieux particuliers !

Il ne faut pas confondre les Ordres où le Religieux est attaché par état au Monastère dans lequel il a fait profession, avec les Congrégations où le Religieux, membre & Profès du Corps, n'est lié à aucune maison préférablement à l'autre. La Congrégation de S. Maur est une de celles où le Religieux n'est affilié à aucun Couvent par l'effet de sa Profession ou d'un titre de bénéfice. En quelque Abbaye qu'il réside, il observe la loi de stabilité prescrite par la Régle de S. Benoît ; il ne peut, sans la permission des Supérieurs, quitter la maison où il est placé ; il ne peut sans leur mandement ou obédience, être admis dans aucun autre Monastère de la Congrégation.

Cette Régle, observée dans toutes les Congrégations réformées, fait partie de leurs Constitutions ; elle y est nécessaire pour le maintien de la discipline, elle est une dépendance du vœu d'obéissance que le Religieux contracte. A quels désordres ne donneroit pas lieu la liberté qu'on laisseroit à chaque Religieux de disposer lui même du lieu de sa résidence ! Différens Monastères manqueroient de Sujets, pendant que les autres en auroient plus qu'ils ne seroient en état d'en employer ou entretenir.

C'est donc une loi aussi constante qu'elle est sage, que les Supérieurs majeurs des Congrégations régulieres déterminent & changent la demeure des Religieux, selon que l'intérêt des Maisons, le bien de la Congrégation, l'utilité même des Religieux ou leurs talens l'exigent. Les Obédiences appartiennent essentiellement à la police des

---

(a) Consultat. du 1. Juillet 1763. page 18.

Corps réguliers, à la discipline intérieure du Cloître ; c'est par cette raison qu'elles sont abandonnées à la lumière & à la conscience des Supérieurs. Il ne seroit pas moins dangereux d'obliger les Supérieurs à rendre compte des motifs qui les animent dans l'exercice de cette jurisdiction purement volontaire, que de leur enlever le droit même de décider de la résidence de chaque Religieux.

Les Constitutions canoniques défendent aux Religieux de quitter leurs Monastères sans l'agrément des Supérieurs, quand ce seroit même sur le prétexte d'aller trouver les Supérieurs. *Nec liceat regularibus à suis Conventibus recedere, etiam prætextu ad Superiores suos accedendi, nisi ab eisdem missi aut vocati fuerint* (a). C'est à cette permission qu'on donne aujourd'hui le nom d'Obédience. *Hoc Superiorum mandatum vulgò dicitur hodiè obedientia* (b). L'article 7 de l'Edit de 1606 ordonne de punir les Religieux qui se trouvent hors de leurs Abbaies, sans congé par écrit de leurs Supérieurs. Or, si le Religieux ne peut quitter son Monastère sans congé par écrit, il ne peut pas davantage se refuser à l'ordre du Supérieur qui lui indique la résidence à laquelle il est destiné. L'Obédience ne consiste pas seulement dans la permission de sortir pour un tems du Monastère, elle renferme encore le Mandement qui transfere le Religieux d'un Couvent à l'autre. Ces deux espèces d'Obédiences sont également dans la main du Supérieur, qui, seul connoissant le mérite des Sujets, & les besoins des Monastères, doit seul décider de la résidence ou du changement des Religieux particuliers.

On voit déja par ces réflexions, que les obédiences ne sont point par leur nature sujettes à l'appel comme d'abus, & que c'est le bon ordre même qui s'oppose à ce qu'on écoute un Religieux, qui se plaint de l'obédience qui lui à été donnée. Le nouveau Commentateur des Lettres Pa-

---

(a) Concil. Trident. sess. 25. cap. 4. de Regularib.
(b) Van-Espen, p. 1. tit. 27. cap. 4.

tentes de 1695 établit pour maxime (fur l'art. 35) qu'un Religieux eſt non recevable à appeller comme d'abus d'un jugement rendu contre lui, en matiere de correction, par ſon Supérieur. Il confirme cette maxime par un Arrêt du 5 Août 1702, rapporté au Journal des Audiences. Combien les ſimples obédiences ſont-elles moins ſuſceptibles du recours aux Tribunaux Séculiers !

On avoue que les Cours Souveraines ont proſcrit les ſtatuts de quelques corps réguliers, où, dans la vûe de ſe ſouſtraire à l'inſpection de la puiſſance publique, tout recours aux Tribunaux de la Juſtice Royale avoit été interdit aux Religieux, ſous la peine redoutable des Cenſures ; mais en même tems que ces Statuts ont été déclarés abuſifs, & qu'on a conſervé aux Religieux le droit d'implorer la protection du Souverain dans les cas de droit ; on a ſenti l'indiſpenſable néceſſité d'empêcher que ce recours légal & légitime ne ſervît de prétexte à des eſprits inquiets & indociles, pour ſe ſouſtraire aux loix de l'obéiſſance réguliere.

Un Arrêt de Réglement rendu le 19 Oct. 1543, & inſéré dans les preuves des libertés, a fixé les règles ſur cette matiere importante. « Néanmoins pour ôter l'occaſion que les Reli-
» gieux pourroient avoir d'enfreindre & violer l'obédience
» qui eſt le nerf principal de la Religion, en ayant fré-
» quemment recours aux Juges ſéculiers, ladite Cour a dé-
» fendu à tous les Religieux des Couvens de ce reſſort de
» l'Ordre de S. François, d'avoir aucun recours aux Juges
» Séculiers inférieurs, ſi ce n'eſt au cas de ſédition, de
» tumulte & grand ſcandale, & que par voie de requi-
» ſition de l'impartition de l'aide du bras ſéculier ; ne
» même à ladite Cour, ſi ce n'eſt en cas qu'il eſt permis,
» à ſçavoir où il y a abus clair & évident par contraven-
» tion aux Ordonnances Royaux, Arrêts & Jugemens de
» ladite Cour, ou Statuts de la réformation autoriſés par
» le Roi & ladite Cour, ou ſaints Décrets, Canons
» conciliaires, dont le Roi eſt conſervateur dans ſon
» Royaume ».

Il eſt vrai que cet Arrêt ne parle que des Religieux de

l'Ordre de S. François ; mais fes motifs font généraux, & l'Art. 34 de nos libertés en applique la difpofition aux Religieux des autres Ordres. « Encore que les Religieux » Mendians, *ou autres*, pour ce qui concerne leur difci- » pline, ne puiffent s'adreffer aux Juges Séculiers, fans en- » freindre l'obédience qui eft le nerf principal de leur » profeffion ; toutefois en cas de fédition, tumulte, ou » grand fcandale, &c.

Il n'y a donc que ces deux cas où les Tribunaux Séculiers foient ouverts aux Religieux. Dans l'un ils peuvent s'adreffer aux Tribunaux inférieurs par voie de requifition de l'impartition de l'aide du bras Séculier ; mais ce recours n'a lieu qu'en cas de fédition, tumulte & grand fcandale, où il faut un remède prompt & efficace. Dans l'autre les Religieux ne peuvent recourir qu'aux Cours, & par la voie de l'appel comme d'abus ; c'eft lorfqu'il y a abus clair & évident par l'infraction des loix générales ou particulières. L'énumération faite dans l'arrêt, & dans l'article de nos Libertés, renferme toutes les efpèces, où l'appel comme d'abus eft légitime : elle exclud par conféquent cet appel dans toute circonftance différente, parce qu'alors il préjudicieroit à l'obédience qui eft le nerf principal de la Religion.

Tout ce qui intéreffe la difcipline regulière, la police intérieure du Cloître, n'eft point foumis à l'appel comme d'abus : or il n'eft rien de plus effentiel à cette police que la diftribution des obédiences. Qu'il foit permis à un Religieux de fe pourvoir contre l'obédience qu'il reçoit, la loi de la fubordination difparoît, le nerf de la difcipline eft rompu. Les Supérieurs feront expofés à autant d'appels comme d'abus qu'ils donneront d'obédiences. D'un autre côté, le Supérieur n'enfreint aucune loi générale ou particulière en changeant la réfidence d'un Religieux. Les obédiences font donc incapables de fonder un appel comme d'abus. C'eft en qualité de Citoyen, de fujet du Roi, que le Religieux peut implorer la protection de fa juftice fouveraine, & les droits inhérens à ces titres ne font point

P ij

intéressés à ce que le Religieux soit dans un Monastère plutôt que dans un autre. Il doit vivre dans le Cloître, observer sa règle ; il lui est indifférent de remplir ces devoirs dans une Abbaye ou dans une autre, pourvû qu'il jouisse de tous les avantages attachés à son état, de ceux qui sont communs à tous les membres du corps auquel il appartient.

La Jurisprudence ne s'est jamais écartée de ces règles. A la fin du dernier siècle, le Frere Dutour, Religieux de l'Ordre de Cîteaux, appella comme d'abus d'une obédience que lui avoit donnée l'Abbé de Clairvaux, son pere immédiat ; l'appel comme d'abus fut porté au Grand-Conseil, & l'Arrêt rendu le 8 Avril 1699 mit hors de Cour sur l'Appel, quoique dans cet Ordre les Religieux demeurent Profès des Monastères où ils ont fait profession, & que les Réglemens exhortent les Supérieurs à user modérément du droit qu'ils ont de les transférer.

La question s'est présentée cette année même au premier Parlement du Royaume, & elle y a été jugée sur les mêmes maximes. Le Frere Robert Fassin, Chanoine Régulier de l'Ordre de Sainte-Croix, avoit eu différentes contestations avec le Général de sa Congrégation ; le Frere Fifen Supérieur Général avoit envoyé successivement ce Religieux en divers Monastères, & avoit voulu même procéder contre lui par voie de censures. En 1755 le Frère Fassin avoit obtenu du Chapitre général de son Ordre une obédience pour la Maison de Sainte-Croix de la Bretonnerie à Paris. La Maison de Sainte-Croix ne voulant plus garder le F. Fassin, le Général lui fit signifier le 5 Mars 1761 une obédience conçue en ces termes: *Nous ordonnons à notre Religieux Pierre-Aubert Fassin, lorsqu'il sortira de la Maison de notre Ordre, dite Sainte-Croix de la Bretonnerie, où il réside actuellement, de se retirer dans celle de Launoy près de Lille en Flandre, & d'y vivre conformément à son état, jusqu'à ce que nous en disposions autrement.* Le F. Fassin appella comme d'abus de l'obédience le 22 Avril suivant. Son moyen d'abus fut que le Supérieur Général ayant abufé de fon *autorité à fon égard*, *les Lettres obédientielles du 5 Mars 1762 étoient une fuite des véxations commifes contre lui*. Il eft de principe, difoit-il, que tout acte émané de l'autorité du Supérieur, & qui emporte avec lui véxation, eft un abus : or n'eft-ce pas un abus révoltant que par des actes, qui n'ont pour objet que la vengeance d'un Supérieur, on prive un Religieux des prérogatives qui lui font affurées ? Les différentes Lettres obédientielles fucceffivement adreffées au Fr. Faffin étoient une véxation manifefte & caracterifée. Celles pour la Chanoinie de Lannoy font une fuite de ces véxations. Mais parce que les obédiences font un acte de l'autorité légitime, & que le Supérieur qui les diftribue ne doit point compte de fes motifs, l'Arrêt prononcé le 25 Janvier 1763 en l'Audience de la Grand-Chambre, a dit qu'il n'y avoit abus, & a enjoint au Fr. Faffin d'obéir à l'ordonnance de fon Supérieur Général.

Dom Limairac & fes adhérens auroient-ils des moyens plus apparens que ceux du Fr. Faffin ? Ce n'eft point du Supérieur Général de la Congrégation qu'ils ont reçu les obédiences dont ils fe plaignent ; c'eft le Chapitre affemblé qui a cru devoir changer le lieu de leur réfidence. Ils ne contefteront pas fans doute l'autorité dont font émanées leurs Lettres obédientielles. Seroit-ce à raifon des motifs qu'ils prétendroient les inculper. On ignore ces motifs, le Chapitre ne les a point exprimés, & n'étoit pas tenu de le faire. Le Fr. Faffin fuppofoit dans fon Supérieur un efprit de vengeance, & cherchoit dans la conduite paffée du Fr. Fiffen des prétextes à cette accufation. Dom Limairac n'a aucune circonftance extérieure qui puiffe étayer fes foupçons injuftes. On l'a *relégué dans un défert*, on a voulu l'empêcher *de fe faire entendre*, voilà tous fes griefs ; mais la Maifon où il a été envoyé n'eft-elle pas un Monaftère de la Congrégation ? N'eft-elle pas même de la Province où il réfidoit auparavant ? Pourquoi ne pourroit-il donc pas habiter dans une Abbaye defservie par des Religieux de fa Congrégation ?

Quel titre pourroit le dispenser d'une loi commune à ses Confrères? Si les obédiences pour l'Abbaye de Sordès sont par elles-mêmes véxatoires, il faut donc laisser cette Abbaye déserte.

D. Limairac prétend qu'on a voulu étouffer ses plaintes. La propre conduite de ce Religieux prouve combien l'intention qu'il prête au Chapitre général eût été peu avisée, puisque l'obédience qu'a reçue D. Limairac ne l'a pas empêché de se pourvoir par les voyes de droit. L'obédience d'ailleurs étoit antérieure à son appel comme d'abus. On n'a ni prévu ni pu prévoir que ce Religieux dénonceroit à la Justice les usages de son Corps, les Statuts sous la foi desquels il s'est volontairement lié à la Congrégation.

TROISIÈME QUESTION.

Le Decret contra Appellantes est-il abusif?

Le décret *contra appellantes* a été tiré des Constitutions du Mont-Cassin, où il ne pouvoit avoir les appels comme d'abus pour objet. Ce décret ne renferme qu'un privilége accordé à l'Ordre de S. Benoît par le Pape Innocent IV, & confirmé par Grégoire XIII. Le décret annonce lui-même qu'il est tiré d'un rescrit de ce dernier Pape. Le décret, quoi-qu'en disent les Appellans, ne concerne que l'appel simple des jugemens rendus en matière de correction, ou des réglemens de pure police & discipline. Avant le XII siécle, comme le prouve Van-Espen, il n'y avoit point d'appel de ces sortes de jugemens. Le privilége accordé à l'Ordre de Cîteaux & à celui de S. Benoît, n'a fait que rétablir l'ancien droit commun.

Il est donc absurde de vouloir étendre le décret ou aux appels comme d'abus, ou aux objets qui sont susceptibles de cet appel. Au surplus les Supérieurs de la Congrégation déclarerent en 1680, pour écarter les inculpations de Dom Chappe, que jamais ils n'avoient donné au décret des sens contraires aux maximes de l'Etat, & qu'ils pouvoient d'autant moins en être foupçonnés, que le conftant & inviolable attachement de la Congrégation à ces maximes étoit connu de tout le monde. Les Supérieurs actuels réiterent volontiers la même déclaration ; qu'il leur foit permis feulement de marquer leur furprife, de ce qu'une pareille accufation parte de Religieux, qui, nourris & élevés dans le fein de la Congrégation, fçavent, ou doivent fçavoir, que jamais les Supérieurs ne fe font fervis du décret contre les régles & les maximes du Royaume.

LE Confeil fouffigné qui a lu le Mémoire pour D. Delrue, Supérieur Général de la Congrégation de S. Maur, contre D. Faure, D. Lymeirac & conforts, eftime que l'appel comme d'abus interjetté par ceux-ci eft deftitué de tout fondement raifonnable.

Rien ne feroit plus dangéreux que d'écouter en juftice les Religieux particuliers qui fe plaindroient des obédiences qu'ils reçoivent de leurs Supérieurs. S'il y a quelque matiere qui appartienne à la difcipline intérieure des Cloîtres, & qui foit proprement l'objet du vœu d'obéiffance que contractent des Religieux, c'eft celle qui concerne le lieu de leur réfidence. Permettre aux Religieux des Congrégations Réformées d'attaquer leurs obédiences par la voie de l'appel fimple, ou comme d'abus, ce feroit vifiblement énerver le Gouvernement de ces Corps Réguliers, y détruire le lien de la fubordination, y introduire une Anarchie qui bientôt entraîneroit le relâchement & le défordre.

A l'égard des Élections faites dans le dernier Chapitre Général, il ne faut pour les mettre à l'abri de toute inculpation, que faire obferver, qu'elles ont été faites conformément aux Conftitutions, de tout tems obfervées dans la Congrégation de S. Maur. Ces Conftitutions font la loi que la Congrégation fuit depuis plus d'un fiécle; elle eft conftamment dans l'ufage, ou de continuer fes Supérieurs Majeurs & locaux dans la même fupériorité, pendant un certain tems, ou de les élire à d'autres charges,

Cet usage n'a rien en lui-même qui soit contraire aux loix de l'Eglise & de l'État. Il est même plus avantageux, plus conforme au droit-commun que celui des vacances pleinement rigoureuses & exclusives. Les loix primitives de la Congrégation de S. Maur n'ont aucune disposition qui condamne cet usage, ou qui prescrive les vacances exclusives. On ne peut mettre en contradiction ses Statuts avec les Bulles d'érection, qu'en donnant à celles-ci des sens forcés ; & quand il pourroit rester quelque nuage sur la maniere d'interprêter les Bulles, la possession de la Congrégation d'une part, & de l'autre la faculté que les Bulles même lui ont attribuée de régler son régime, de dresser les Constitutions, détruiroient tous les doutes. Il est naturel, il est de régle même de fixer l'intelligence des titres par leur exécution. Le Papé Urbain VIII a permis à la Congrégation de former ses Statuts. Le Roi a confirmé ce privilége par des Lettres Patentes enregistrées. La Congrégation a soumis à l'inspection des Magistrats le Corps des Constitutions qu'elle a redigées en conséquence : ces Constitutions ont passé sous les yeux du ministère public, sans éprouver sa censure, ou plutôt, c'est de son consentement qu'elles ont été déposées au Greffe de la Cour, pour y avoir recours en cas de besoin. Des Constitutions ainsi autorisées, & dans le principe & dans leur exécution, sont un titre que D. Faure & D. Lymeirac auroient dû respecter. Il y a donc lieu de croire que les Tribunaux de la Justice ne verront qu'avec indignation l'appel comme d'abus, qu'ont osé en interjetter des Religieux particuliers, que la Congrégation n'a reçus dans son sein que sous la condition de les observer inviolablement.

Délibéré à Paris, ce 10 Janvier 1764, MEY, L'HERMINIER, GILLET, MALLARD, CELLIER, COCHIN.

De l'Imprimerie de MICHEL LAMBERT, rue & à côté de la Comédie Françoise, 1764.

www.ingramcontent.com/pod-product-compliance
Lightning Source LLC
Chambersburg PA
CBHW070509100426
42743CB00010B/1792